Neue Materialismen zur Einführung

Katharina Hoppe / Thomas Lemke

Neue Materialismen zur Einführung

JUNIUS

Junius Verlag GmbH
Stresemannstraße 375
22761 Hamburg
www.junius-verlag.de

Umschlaggestaltung: Florian Zietz
Titelbild: © Katharina Hoppe
Satz: Junius Verlag GmbH
Printed in the EU 2023
ISBN 978-3-96060-322-1
3., unveränderte Auflage 2023

Bibliografische Information der Deutschen Nationalbibliothek
Die Deutsche Nationalbibliothek verzeichnet diese Publikation in der Deutschen Nationalbibliografie; detaillierte bibliografische Daten sind im Internet über http://dnb.dnb.de abrufbar.

Zur Einführung ...

... hat diese Taschenbuchreihe seit ihrer Gründung 1977 gedient. Zunächst als sozialistische Initiative gestartet, die philosophisches Wissen allgemein zugänglich machen und so den Marsch durch die Institutionen theoretisch ausrüsten sollte, wurden die Bände in den achtziger Jahren zu einem verlässlichen Leitfaden durch das Labyrinth der neuen Unübersichtlichkeit. Mit der Kombination von Wissensvermittlung und kritischer Analyse haben die Junius-Bände stilbildend gewirkt.

Seit den neunziger Jahren reformierten sich Teile der Geisteswissenschaften als Kulturwissenschaften und brachten neue Fächer und Schwerpunkte wie Medienwissenschaften, Wissenschaftsgeschichte oder Bildwissenschaften hervor. Auch im Verhältnis zu den Naturwissenschaften sahen sich die traditionellen Kernfächer der Geisteswissenschaften neuen Herausforderungen ausgesetzt. Diesen Veränderungen trug eine Neuausrichtung der Junius-Reihe Rechnung, die seit 2003 von der verstorbenen Cornelia Vismann und zwei der Unterzeichnenden (M.H. und D.T.) verantwortet wurde.

Ein Jahrzehnt später erweisen sich die Kulturwissenschaften eher als notwendige Erweiterung denn als Neubegründung der Geisteswissenschaften. In den Fokus sind neue, nicht zuletzt politik- und sozialwissenschaftliche Fragen gerückt, die sich produktiv mit den geistes- und kulturwissenschaftlichen Problemstellungen vermengt haben. So scheint eine erneute Inventur der Reihe sinnvoll, deren Aufgabe unverändert darin besteht, kompetent und anschaulich zu vermitteln, was kritisches Denken und Forschen jenseits naturwissenschaftlicher Zugänge heute zu leisten vermag.

Zur Einführung ist für Leute geschrieben, denen daran gelegen ist, sich über bekannte und manchmal weniger bekannte Autor(inn)en und Themen zu orientieren. Sie wollen klassische Fragen in neuem Licht und neue Forschungsfelder in gültiger Form dargestellt sehen.

Zur Einführung ist von Leuten geschrieben, die nicht nur einen souveränen Überblick geben, sondern ihren eigenen Standpunkt markieren. Vermittlung heißt nicht Verwässerung, Repräsentativität nicht Vollständigkeit. Die Autorinnen und Autoren der Reihe haben eine eigene Perspektive auf ihren Gegenstand, und ihre Handschrift ist in den einzelnen Bänden deutlich erkennbar.

Zur Einführung ist in der Hinsicht traditionell, dass es den Stärken des gedruckten Buchs – die Darstellung baut auf Übersichtlichkeit, Sorgfalt und reflexive Distanz, das Medium auf Handhabbarkeit und Haltbarkeit – auch in Zeiten liquider Netzpublikationen vertraut.

Zur Einführung bleibt seinem ursprünglichen Konzept treu, indem es die Zirkulation von Ideen, Erkenntnissen und Wissen befördert.

Michael Hagner
Ina Kerner
Dieter Thomä

Inhalt

Einleitung

Der Begriff des Materialismus bezeichnet eine wichtige philosophische Traditionslinie, die bis in die Antike zurückreicht.[1] Sie nahm ihren Ausgang in den Werken von Demokrit und Lukrez, wurde in der Neuzeit etwa durch die Arbeiten von Hobbes und Spinoza weiterentwickelt und blühte im 19. und 20. Jahrhundert auf – vor allem durch die Erkenntnisse der Naturwissenschaften und den Aufstieg des Marxismus (Braun 1982). Das materialistische Denken hat in der Philosophiegeschichte besonders in der Kritik unterschiedlicher Formen des Idealismus oder des Spiritualismus eine wichtige Rolle gespielt; allerdings blieb seine Bedeutung nicht auf akademische Auseinandersetzungen und intellektuelle Debatten beschränkt. Der Materialismus war auch in der Alltagssprache präsent, und dort wie im wissenschaftlichen Diskurs besaßen ›Materialisten‹ einen schlechten Ruf. Jahrhundertelang wurden sie als Menschen mit fragwürdigem Charakter betrachtet, die nicht an Gott glaubten, zweifelhafter Moral anhingen oder gefährliches Gedankengut verbreiteten: eine »schlimme Sekte«, wie es in einem wichtigen deutschen Wörterbuch des 18. Jahrhunderts heißt (Zedler 1739: 2026).

Die Dinge haben sich geändert. Zumindest in der akademischen Welt hat der Begriff des Materialismus heute einen anderen Klang – oft signalisiert er nun Seriosität und Respektabilität. Und nicht eine Renaissance des historischen Materialismus, sondern ›Dinge‹ haben zu dieser Entwicklung beigetragen. In den letzten zwei Jahrzehnten ist in den Kultur- und Sozialwissenschaften eine bemerkenswerte Neuorientierung und Akzentverschiebung zu beobachten: Materie, Objekte und Artefakte erfahren zunehmend wissenschaftliche Aufmerksamkeit und werden neu konzeptualisiert (Appadurai 1998; Latour und Weibel 2005; Henare et al. 2007). Theoretische Perspektiven und empirische Studien, die sich verschiedenen Aspekten und Formen von Materialität widmen, treten tendenziell an die Stelle von bzw. ergänzen Forschungsarbeiten, die soziale Konstruktionen, kulturelle Praktiken oder diskursive Prozesse fokussieren.

Innerhalb dieser allgemeinen sozialtheoretischen Konjunktur haben die Neuen Materialismen eine besonders große Resonanz erfahren (vgl. etwa Coole und Frost 2010a; Dolphijn und van der Tuin 2012).[2] Gemeinsam ist ihnen die Überzeugung, dass der ›linguistic turn‹ oder primär semiotisch verfahrende Ansätze unzureichend sind, um das komplexe und dynamische Zusammenspiel sinnhaft-symbolischer Prozesse und materieller Ordnungen zu erfassen. Materie dürfe nicht länger als stumme Verfügungsmasse und einfaches Objekt menschlichen Zugriffs begriffen werden, sondern zeichne sich vielmehr durch Eigensinn und Handlungsmacht aus, die auf menschliche Akteure, deren Interaktionsformen und Selbstverständnis zurückwirke (Bennett 2004; Coole und Frost 2010b). Neomaterialistische Arbeiten weisen dem Materiellen keine ausschließlich stabilisierende Wirkung im Hinblick auf soziale Handlungszusammenhänge zu, wie dies bei praxistheoretischen Ansätze zuweilen der Fall ist (vgl. Reckwitz 2008), sondern gehen davon aus, dass Materialität auch eine transformative, irritierende Kraft zukommt (vgl. Folkers 2013: 21–23). Das neue »theoretische Paradigma«[3] (Rekret 2018: 49 f.) kritisiert die Vorstellung der natürlichen Welt und technischer Artefakte als bloße Rohstoffe für technologischen Fortschritt, ökonomisches Wachstum oder soziale Konstruktion. Neue Materialismen wollen anthropozentrische Denkformen ebenso hinter sich lassen wie die ontologische Grenzziehung zwischen Natur und Kultur. Grundlegend für diese Bewegung ist die Ausdehnung der Konzepte von Handlungsfähigkeit und Selbstorganisation auf nicht-menschliche Entitäten und die Infragestellung traditioneller Vorstellungen von Leben.

Dies sind freilich theoretische Motive, die schon seit den 1980er Jahren mit der Akteur-Netzwerk-Theorie (ANT) und besonders den Arbeiten Bruno Latours vermehrt ins Zentrum des kultur- und sozialwissenschaftlichen Interesses gerückt sind (Latour 1987; Law und Hassard 1999; Callon 2006). Die ANT begreift Natur und Gesellschaft nicht als zwei voneinander getrennte und abgeschlossene Bereiche oder Sphären, sondern als ein Kontinuum von Netzwerken und Akteurskonstellationen und fordert den systematischen Einbezug nicht-menschlicher Handlungsmacht (Latour 1995). Ebenso haben (öko-)feministische Arbeiten die neomaterialistische Aufwertung des Materiellen vorweggenommen, indem sie die Bedeutung körperlicher Prozesse herausstellten und einen alternativen Begriff der Natur zu entwickeln versuchten, der diese nicht länger als passive Ressource auffasst (Plumwood 1993; Haraway 1995a; Casselot 2016). Sowohl Debatten in der Wissenschafts- und Technikforschung als auch in der feministischen Theorie stellen daher den allgemeinen Entstehungskontext Neuer Materialismen dar – auch wenn die neomaterialistische Neufassung von Materialität nach der Einschätzung ihrer Vertreter_innen so umfassend und tiefgreifend ist, dass manche von ihnen von einer »Revolution des Denkens« sprechen (Dolphijn und van der Tuin 2012: 85).

Über diese Entwicklungslinien hinaus ist der »material turn« (Bennett und Joyce 2010; Löw et al. 2017) das Resultat einer doppelten theoretischen und historischen Konjunktur. Die 1970er und 1980er Jahre waren gekennzeichnet vom Niedergang der zeitgenössischen materialistischen Ansätze, insbesondere des

Marxismus, und dem Aufstieg poststrukturalistischer Theorien und kulturtheoretischer Perspektiven. Während letztere dazu tendierten, jeden direkten Bezug auf Materie als naiven Repräsentationalismus oder Essenzialismus zu problematisieren, zeigen sich Neomaterialist_innen überzeugt, dass der epistemologische, ontologische und politische Status von Materialität zu überdenken und ein neues Konzept von Materie notwendig sei. Im Unterschied zu älteren Formen eines Materialismus liegt dieser Neuakzentuierung der materialistischen Tradition die Idee zugrunde, dass Materie selbst als aktiv, wirkmächtig und plural statt als passiv, inert und einheitlich zu begreifen sei (Latour 2007). Damit brechen diese Positionen auch mit ökonomistischen und geschichtsphilosophischen Konzepten historisch-materialistischer Theorien.

Neue Materialismen unterscheiden sich signifikant von drei alternativen Konzeptualisierungen von Materialität. Erstens interessieren sie sich im Unterschied zu den in der Kultur- und Sozialanthropologie beheimateten *material culture studies* nicht für das »soziale Leben der Dinge« (Appadurai 1998; vgl. auch Miller 2008). Fokussiert diese Forschungsrichtung auf von und durch Menschen genutzte Dinge, die es ermöglichen (sollen), die Grenze zwischen der materiellen und der sozialen Welt zu ziehen, machen neomaterialistische Ansätze diese (hierarchische) Unterscheidung selbst zum Gegenstand der Analyse, um sie auf Grundlage eines umfassenden Begriffs von Materialität als prekär und mobil auszuweisen (vgl. Tischleder 2014: 23–27). Zweitens markiert die neomaterialistische Literatur auch den Kontrast zu einem »materialistischen Essentialismus« (Castree 2003: 8), der Dingen feste und stabile Eigenschaften zuschreibt, die ontologisch unveränderlich sind und zu eindeutigen moralischen Positionierungen führen. Demgegenüber gehen viele Neue Materialist_innen von »plastischen Materialitäten« (Hawkins 2010) aus.

Materie zeichnet sich demnach nicht durch Starrheit und Stabilität aus, sondern wird als flexibel und dynamisch begriffen (was prinzipiellen und generalisierenden ethischen Werturteilen den Boden entzieht). Drittens wenden sich Neue Materialist_innen gegen einen reduktionistischen Materialismus, der die Geschichte der modernen Wissenschaft lange Zeit dominiert hat. Demnach lässt sich die Komplexität der Welt auf elementare Strukturen oder ein grundlegendes Substrat zurückführen. In der Biologie zeigt sich eine solche Tendenz etwa in der Vorstellung, dass »sich die offensichtlichen Besonderheiten von Organismen aus den – zellulären und letztlich molekularen – Eigenschaften ihrer Einzelteile ergeben« (Benton 1991: 14; vgl. Stengers 2011).

Es ist allerdings wichtig zu betonen, dass die Neuen Materialismen keinen homogenen Denkstil oder eine in sich kohärente Theorieschule darstellen. Vielmehr handelt es sich um einen Sammelbegriff, der eine Vielzahl unterschiedlicher Ansätze und disziplinärer Perspektiven abdeckt (Coole 2013). Einige greifen Einsichten der phänomenologischen Tradition auf (Harman 2005; Bogost 2012), während andere sich am modernen Vitalismus orientieren (Bennett 2020). Neue Materialist_innen beziehen sich auf Jacques Derrida (Kirby 2011), aber auch auf Gilles Deleuze (Braidotti 2002); Arbeiten, die auf Erkenntnisse der Quantenphysik zurückgreifen (Barad 2007), finden sich ebenso unter diesem Label wie Perspektiven der Komplexitätsforschung (Landa 2009), der Evolutionstheorie (Grosz 2011) oder der Neurowissenschaften (Wilson 2015). Neomaterialismen vertreten eine »neue transversale intellektuelle Orientierung« (Dolphijn und van der Tuin 2012: 86), die traditionelle disziplinäre Profile und etablierte akademische Grenzziehungen zu unterlaufen versucht. Das Fächerspektrum erstreckt sich von der feministischen Theorie (Alaimo und Hekman 2008; Hird 2009a) über die Kunsttheorie (Bolt und Barrett 2013), die politische Theorie (Connolly 2013), Soziologie

(Fox und Alldred 2016), Philosophie (Bryant et al. 2011) bis hin zur Medientheorie (Fuller 2005), Humangeografie (Braun und Whatmore 2010a) und Literaturwissenschaft (Tischleder 2014).

Die Rezeption der Neuen Materialismen ist von einer erstaunlichen Dynamik gekennzeichnet, die sich in einer wachsenden Publikationstätigkeit und der Organisation einschlägiger Konferenzen niederschlägt. Vor allem in den USA sind neomaterialistische Themen und Thesen inzwischen fester Bestandteil universitärer Curricula und werden in akademischen Debatten leidenschaftlich diskutiert. Dieser Impuls ist inzwischen auch in den europäischen Kultur- und Sozialwissenschaften angekommen. So förderte etwa der Europäische Forschungsrat von 2014 bis 2018 ein wissenschaftliches Netzwerk zu Neuen Materialismen.[4] Ein verstärktes Interesse lässt sich mittlerweile auch im deutschen Sprachraum konstatieren. Eine Reihe an Sammelbänden und immer mehr Bezugnahmen auf Schlüsselautor_innen zeigen die wachsende Resonanz neomaterialistischen Denkens in unterschiedlichen Disziplinen (Goll et al. 2013; Löw et al. 2017; Bath et al. 2017).

Auch wenn die unter dem Label Neuer Materialismen schreibenden Wissenschaftler_innen die allgemeine Forderung nach einer Rekonzeptualisierung von Materie teilen, unterscheiden sie sich beträchtlich in der Art und Weise, *wie* sie dies tun. Tatsächlich umfasst diese intellektuelle Strömung »unterschiedliche und teilweise inkompatible Bewegungsbahnen« (Gamble et al. 2019: 111). Es lassen sich aber – trotz der verschiedenen Referenzen und Akzentsetzungen – sehr wohl gemeinsame Interessen und Anliegen ausmachen. Die heterogene Denkbewegung der Neuen Materialismen ist gekennzeichnet durch eine spezifische Verknüpfung ontologischer, epistemologischer, politischer und ethischer Fragestellungen.

Vertreter_innen der Neuen Materialismen betonen zunächst die Notwendigkeit, *ontologische* Problemstellungen zu adressieren, um die Produktivität und Dynamik materieller Prozesse zu erfassen, ohne dabei einen naiven Essenzialismus fortzuschreiben. Sie problematisieren das cartesianisch-newtonsche Verständnis von Ontologie, um Handlungsfähigkeit jenseits des menschlichen Subjekts zu begreifen. Dieser Vorschlag verspricht, moderne Dualismen wie etwa die Gegenüberstellungen von Kultur und Natur, Geist und Körper, Mensch und Nicht-Mensch hinter sich zu lassen, um der Kontingenz und Unbestimmtheit von Materie gerecht zu werden (vgl. Müller 2015: 62–64). Diese »ontologische Reorientierung« (Coole und Frost 2010b: 6 f.) ist häufig eng verbunden mit *epistemologischen* Fragen. Viele Neomaterialist_innen betonen, dass Wissen und Sein untrennbar miteinander verbunden sind. Sie fordern, dass sich die Sozial- und Kulturwissenschaften intensiver mit naturwissenschaftlichem Wissen auseinandersetzen (Hird 2009a). Ihr Ziel ist es, etablierte disziplinäre Grenzen zu überschreiten, um Biologie und Natur als historisch und kontingent – und darin in je spezifischer Weise wirkmächtig – zu begreifen, statt sie als durch unveränderliche Gesetze determiniert aufzufassen (Wilson 2004; Grosz 2008). Die Rekonzeptualisierung von Materie wird außerdem mit Fragen der *Politik* verknüpft, um neue Formen der Machtanalyse zu entwickeln (Barad 2007: 35). Neomaterialistische Autor_innen schlagen eine »kritische und nicht-dogmatische Neuverhandlung der politischen Ökonomie« (Coole und Frost 2010b: 7) vor und stellen deren Zusammenhang mit ökologischen Themen und Fragen sozialer Gerechtigkeit heraus (Connolly 2013). Konzeptuelle Vorschläge wie »lebhafte Materie« (Bennett 2020) oder »agentieller Realismus« (Barad 2012a) fordern bestehende Vorstellungen von Subjektivität und Handlungsmacht heraus und problematisieren die Grundlagen und Grenzen des Politischen. Die Entwicklung eines posthumanistischen Politikbegriffs in neomaterialistischen Arbeiten wird regelmäßig ergänzt durch die Konzeption einer *Ethik*, die Abstand nimmt von liberalen Vorstellungen moralischen Handelns oder normativistischen Verengungen (etwa bioethischer Diskurse). Statt von einem autonomen Individuum oder rationalen Subjekt auszugehen, bilden die komplexen Begegnungen mit menschlichen und nicht-menschlichen Anderen in ihren konstitutiven Abhängigkeits- und Austauschbeziehungen den Bezugspunkt der Ethik (Braidotti 2006b; Haraway 2008).

Angesichts der zunehmenden Ausdifferenzierung der Forschungsaktivitäten und der fächerübergreifenden Resonanz fällt eine doppelte Leerstelle umso deutlicher ins Gewicht. Bislang liegt weder ein allgemeiner Überblick über das Forschungsfeld der Neuen Materialismen vor, noch existieren vergleichende Analysen distinkter Positionen und Perspektiven. Darüber hinaus fehlen auch kritische Reflexionen ihrer theoretischen und forschungspraktischen Bedeutung, die sich mit den ambitionierten konzeptionellen Angeboten und normativen Zielsetzungen dieser Forschungsrichtung auseinandersetzen. Insgesamt überwiegen in der Literatur entweder pauschale Abgrenzbewegungen, die sich nicht auf zentrale Prämissen und Argumentationslinien der Neuen Materialismen einlassen; oder es wird ein euphorischer Hype betrieben, der die theoretischen Traditionslinien und die historischen Entstehungsbedingungen der Denkbewegung unterschlägt, um deren Originalität und innovativen Gehalt zu überhöhen.

Vor diesem Hintergrund verfolgt diese Einführung drei Ziele: Erstens stellen wir exemplarisch ausgewählte Vertreter_innen der Neuen Materialismen genauer vor. Dabei sollen deren theoretische Vorschläge und konzeptuelle Anregungen herausgearbeitet sowie Gemeinsamkeiten und Differenzen vergleichend diskutiert werden. Zweitens geht es uns darum, das mittlerweile zunehmend unübersichtliche Feld »Neue Materialismen« zu kartieren. Dieser Überblick soll zentrale Debattenstränge und Problemfelder identifizieren, die die Konturen und das Innovationspotenzial dieser Forschungsperspektive ebenso aufzeigen wie analytische Inkonsistenzen, theoretische Unklarheiten und konzeptuelle Leerstellen. Drittens zielt dieses Einführungsbuch auch auf eine vorläufige Zwischenbilanz der Neuen Materialismen. Wir werden eine kritische Bestandsaufnahme vornehmen, die eine erste Einschätzung der Probleme und Potenziale erlauben soll, welche sich mit den unterschiedlichen Positionen verbinden, und auf mögliche Lösungswege und aussichtsreiche Forschungsperspektiven hinweisen.

Dafür gehen wir wie folgt vor: Die Kapitel 1 bis 3 stellen drei theoretische Positionen vor, die sich grundlegend darin unterscheiden, welche Bedeutung sie relationalen Ontologien beimessen. Am Beginn steht die Auseinandersetzung mit den Arbeiten von Graham Harman, dem wichtigsten Vertreter der objektorientierten Ontologie (OOO) (Kapitel 1). Während die unter diesem Label schreibenden Autor_innen sich häufig von anderen Varianten der Neuen Materialismen abgrenzen, teilen sie mit ihnen jedoch eine post-anthropozentrische Ausrichtung. Sie stellen die Abgeschlossenheit und Individualität von Objekten heraus und schreiben ihnen intrinsische Merkmale zu, die sie dazu befähigen sollen, mit anderen Objekten zu interagieren. Demgegenüber kommt mit Jane Bennetts vitalem Materialismus eine andere Akzentuierung von Relationen in den Blick. Ihr Ansatz geht von einer Wirkmächtigkeit der Dinge aus, der diese anders als die OOO weniger als stabile Gebilde denn als dynamische Gefüge und relationale Knotenpunkte begreift. Allerdings legt Bennetts Konzeption ›lebendiger Materie‹ die Vorstellung von ontologischen Elementarteilchen nahe, denen eine Vitalität eingeschrieben ist, die den Verflechtungen und Verschränkungen, die sie eingehen, immer schon vorausliegt (Kapitel 2). Der dritte Ansatz geht noch einen Schritt über Bennetts Dingmaterialismus hinaus. Karen Barads agentieller Realismus – die wohl prominenteste Position innerhalb des neomaterialistischen Denkens – zielt auf eine radikal relationale Ontologie, die mit der Vorstellung bricht, es gebe vorgängige Objekte mit unveränderlichem Wesenskern oder vitale Dinge, die einander affizieren. Grundlegend sind für Barad vielmehr ›Phänomene‹, die in und durch materiell-diskursive Praktiken und Beziehungskonstellationen erst Bestimmtheit erlangen. Entitäten entstehen demnach in je spezifischen Beziehungen und gehen ihnen nicht voraus (Kapitel 3). Objekte, Dinge und Phänomene – diese drei wichtigen konzeptuellen Wegweiser kartieren die ontologische Landschaft der Neuen Materialismen. Sie zeigen ein Kontinuum an, in dem sich auch andere neomaterialistische Ansätze in ihrer ontologischen Grundorientierung verorten lassen. Das Spektrum reicht dabei von essenzialistischen Konzepten, die die Abgeschlossenheit von Objekten betonen, bis zu radikal relationalen Theorien, die der Performativität von Ontologien und den hybriden Verschränkungen von Menschen und Nicht-Menschen nachgehen. Wir arbeiten im Rahmen des Überblicks über diese Positionen die Probleme essenzialistischer Konzepte heraus und zeigen, dass relationale Ontologien das größte theoretische und empirische Potenzial innerhalb der Neuen Materialismen besitzen.

In den darauffolgenden Kapiteln 4 bis 6 fokussieren wir daher Projekte, die auf die weitere Konturierung relationaler Ontologien zielen. Dabei stehen drei Problemfelder im Vordergrund: erstens die Konsequenzen der relational-ontologischen Perspektive für ein posthumanistisches Subjektverständnis; zweitens die Herausforderungen eines transdisziplinären Dialogs und dessen Bedeutung für die Analyse des (biologischen) Körpers; drittens die Frage, inwieweit neomaterialistische Ansätze Antworten auf die ökologischen Krisen unserer Zeit zu geben vermögen.

Mit der Frage des Subjekts und der Stellung des Menschen in einer posthumanen Welt, in der Menschen, Natur und Technologien konstitutiv aufeinander bezogen sind, hat sich kaum jemand so intensiv beschäftigt wie die Philosophin Rosi Braidotti. Ausgehend von den komplexen Verwobenheiten von Menschen und Nicht-Menschen, zielt ihre Konzeption posthumaner Subjektivität auf eine affirmative Politik und Ethik, welche die Entfaltung einer schöpferischen Lebenskraft zum Ausgangs- und Zielpunkt des Handelns macht (Kapitel 4). Während Braidotti ein transdisziplinäres Denken eher postuliert, denn es zu praktizieren, stellen wir im darauffolgenden Kapitel zwei Autorinnen näher vor, die biologisches Wissen für die feministische Theoriebildung aufgreifen, um zu einem angemessenen Verständnis von Verkörperungsprozessen zu gelangen. Die korporealen Neomaterialismen von Elizabeth Grosz und Elizabeth Wilson setzen sich mit evolutionstheoretischen respektive psychoanalytischen und neurowissenschaftlichen Wissensbeständen auseinander, um Materialität und Körperlichkeit in ihrer Eigensinnigkeit zu begreifen (Kapitel 5). Eine neomaterialistische Perspektive wird nicht nur für die Konzeption von Körperlichkeit, sondern auch für die Adressierung ökologischer Fragen produktiv gemacht. Von herausgehobener Bedeutung ist dabei die Debatte um das Anthropozän (Crutzen und Stoermer 2000). Dieser Begriff bezieht sich auf eine neue Epoche, in der die Menschheit zu einer planetaren geophysikalischen Kraft geworden sei, und gewinnt unter Geolog_innen, Erdsystemwissenschaftler_innen und Kultur- und Sozialwissenschaftler_innen zunehmend an Bedeutung (Johnson et al. 2014; Bonneuil und Fressoz 2016; Conty 2018; Horn und Bergthaller 2019). Viele neomaterialistische Autor_innen versuchen, analytische Zugänge und politische Antworten auf diese Problemlage vor dem Hintergrund relational-ontologischen Denkens zu gewinnen. Eine Schlüsselrolle nehmen hierbei die Arbeiten Donna Haraways ein, die im Mittelpunkt des sechsten Kapitels stehen. Haraway entwickelt einen ökologisch-neomaterialistischen Denkstil, der eine Romantisierung von Natur ebenso zu umgehen versucht wie die pauschale Ablehnung technologischer Innovationen (Kapitel 6).

Das siebte Kapitel des Buches dient der kritischen Würdigung der Neuen Materialismen. Wir arbeiten ungelöste theoretische Spannungen und konzeptuelle Unklarheiten innerhalb dieser Forschungsperspektive heraus. Die Vertreter_innen des Neuen Materialismus fallen regelmäßig hinter ihre selbst formulierten Erwartungen und Anforderungen an theoretische Konsistenz zurück und führen die programmatisch angekündigte anti-dualistische und relationale Ontologie selten konsequent durch. Wir argumentieren für einen radikal relationalen Materialismus, der die konzeptuellen Blindstellen und theoretischen Probleme der neomaterialistischen Arbeiten adressiert, deren Forschungsagenda weiterentwickelt und enger an die materialistische Tradition anschließt, als es gegenwärtig der Fall ist (Kapitel 7). Das Schlusskapitel fasst zentrale Argumente zusammen und präsentiert eine Zwischenbilanz der wissenschaftlichen und gesellschaftlichen Bedeutung der Neuen Materialismen.

Dieses Buch ist selbst das Ergebnis einer Vielzahl von materiell-diskursiven Praktiken und Gefügen. Eine Reihe von Personen hat erste Entwürfe und verschiedene Versionen des Manuskripts und/oder einzelne Kapitel kommentiert. Wir möchten Josef Barla, Veit Braun, Constanze Ehrhard, Anastassija Kostan, Ruzana Liburkina, Sarah Sandelbaum, Franziska von Verschuer, Franziska Zirker und Ira Zöller für ihre genaue Lektüre und ihr konstruktives Feedback danken; letztere und Viona Hartmann waren uns zudem eine wertvolle Hilfe bei der Literaturbeschaffung und den Recherchearbeiten. Schließlich danken wir Jutta Mühlenberg für die Erstellung des Registers.

1. Objektorientierte Ontologie: Graham Harman und die Verschlossenheit der Objekte

Objektorientierte Ontologie (OOO) ist der Name eines philosophischen Programms, das den Anspruch erhebt, die wirkliche Existenz und den echten Wesenskern der Dinge aufzudecken. Der Begriff stammt von Graham Harman, dessen Bücher *Tool-Being* (2002), *Guerilla Metaphysics* (2005), *Prince of Networks* (2009), *Vierfaches Objekt* (2015, Orig. 2011) und *Immaterialism* (2016) ebenso zum Kanon der OOO gehören wie Levi Bryants *The Democracy of Objects* (2011), Ian Bogosts *Alien Phenomenology* (2012) und Timothy Mortons *Hyperobjects* (2013). Die Ideen und Konzepte dieser Autor_innen haben sich durch innovative Publikationsformate und Blogs schnell verbreitet und vor allem unter jüngeren Wissenschafter_innen viel Anklang gefunden. Die größte Resonanz erhielt die OOO in der Philosophie, Archäologie, Architektur und Kunst, aber die Arbeiten von Harman und seinen Mitstreitenden haben auch Debatten in anderen Disziplinen beeinflusst, etwa in den Erziehungswissenschaften (Oral 2014), der Geografie (Meehan et al. 2013) und der Soziologie (Pierides und Woodman 2012).

Die folgende Darstellung unterzieht den Anspruch der OOO, zum »Herz der Dinge selbst« (Harman 2010a: 95) vorzudringen, einer kritischen Prüfung. Wir fokussieren die Arbeiten von Harman, gehen aber auch auf weitere Protagonist_innen der OOO ein. Zunächst zeigen wir, dass die OOO integraler Bestandteil einer breiteren philosophischen Strömung ist, die unter der Bezeichnung »Spekulativer Realismus« operiert (1.1). In einem zweiten Schritt analysieren wir die Programmatik und das spezifische Objekt-Verständnis der OOO, das vor allem deren Dunkelheit, Unzugänglichkeit und Autonomie herausstellt. Die OOO verschiebt dabei den philosophischen Akzent von der Epistemologie zur Ontologie. Sie interessiert sich nicht für Voraussetzungen und Folgen der Erkenntnisproduktion, da diese sich in unzulänglichen Formen der Repräsentation erschöpfe und nicht in der Lage sei, den inneren Kern der Dinge zu erfassen (1.2). Daraufhin gehen wir auf die Kritik der OOO an relationalen Konzepten und ihre Begründung einer neuen Form des Essenzialismus ein (1.3). Im letzten Teil des Kapitels problematisieren wir die Priorisierung ästhetischer Fragen in der OOO und zeigen, dass deren Beschäftigung mit isolierten Objekten keineswegs mit der Vorstellung autonomer Subjektivität bricht und zu einem gravierenden Mangel an begrifflicher Klarheit führt (1.4).

1.1 Spekulativer Realismus und die Kritik des Korrelationismus

Die Bezeichnung »Spekulativer Realismus« geht auf den Titel eines wissenschaftlichen Workshops zurück, der im Jahr 2007 am Goldsmiths College in London stattfand und an dem unter anderem die Philosophen Ray Brassier, Iain Hamilton Grant, Graham Harman und Quentin Meillassoux teilnahmen (Brassier et al. 2007). Der Name dient seitdem als Sammelbegriff für eine »lose philosophische Bewegung« (Harman 2012: 184), deren theoretische Quellen und Ziele sich im Einzelnen zwar unterscheiden, die aber einen gemeinsamen Gegner besitzt: den Korrelationismus.

Den Begriff des Korrelationismus prägte Quentin Meillassoux in seinem einflussreichen Buch *Nach der Endlichkeit* (2008, Orig. 2006). Damit bezeichnet er »die Idee, derzufolge wir Zugang nur zu einer Korrelation von Denken und Sein haben, und nie gesondert zu einem der beiden Begriffe« (Meillasoux 2008: 18). Nach Meillassoux leiden alle post-kantianischen Philosophien vom Marxismus und der Phänomenologie über den Poststrukturalismus und die Dekonstruktion unter der einen oder anderen Form von Korrelationismus. Die »›kantianische Katastrophe‹« (ebd.: 165 f.) bestehe darin, auf die transzendentalen Bedingungen menschlicher Erkenntnis zu fokussieren, so dass jeder echte Zugang zum Realen verstellt sei. Meillassoux begreift die externe Welt als eine absolute Realität, als »das *Große Außen*«: »Ein Außen, das nicht relativ zu uns war, [...] um das zu sein, was es ist, in sich selbst bestehend, ob wir es denken oder nicht« (ebd.: 21; Hervorh. im Orig.). Für Meillassoux und den Spekulativen Realismus insgesamt besteht das Problem des Korrelationismus vor allem darin, die theoretischen Ambitionen auf jene Dinge zu beschränken, die menschlicher Erkenntnis zugänglich sind.

Gegen den »Todfeind« (Harman 2012: 184) Korrelationismus fordern Spekulative Realist_innen dazu auf, die wahre Natur der Dinge jenseits menschlichen Denkens zu entdecken. Während Kant warnte, sich »mit der spekulativen Vernunft niemals über die Erfahrungsgrenze hinaus zu wagen« (Kant 1995: 29 f.), laden uns Harman und andere objektorientierte Autor_innen dazu ein, nach dem unmittelbaren und irreduziblen Sein der Dinge zu suchen. Mit traditionellen Realist_innen teilen sie die Überzeugung, dass die Welt unabhängig vom menschlichen Zugang zu ihr existiert; im Unterschied zu diesen wollen sie jedoch über die Grenzen menschlichen Denkens und Wissens hinausgehen, um die Verschlossenheit der Objekte zu würdigen. Sie »wollen keinen vernünftigen Realismus mittleren Alters mit objektiven Atomen und Billardkugeln etablieren, die sich außerhalb des menschlichen Verstandes befinden. Stattdessen verfolgen Spekulative Realist_innen ein Modell der Wirklichkeit als etwas weitaus *Seltsameres* [im Orig. *weirder*], als die Realist_innen je vermutet hatten« (Harman 2012: 184, Hervorh. im Orig.).

Die Kritik des Spekulativen Realismus am Korrelationismus und der Ausnahmestellung menschlicher Subjektivität führt jedoch nicht dazu, den Geltungsanspruch wissenschaftlicher Objektivität zu bekräftigen; im Gegenteil wird deren Bedeutung und Reichweite radikal beschränkt. Statt eine Alternative zum Korrelationismus anzubieten, stelle der »wissenschaftliche Naturalismus« (Harman 2015: 41) und dessen Auffassung von Objektivität vielmehr eine seiner Formen dar. Er reduziere den unerschöpflichen Reichtum und die konkrete Individualität der Objekte auf messbare Daten und abstrakte Kategorien und diene allein menschlicher Erkenntnis: »das Ding, wie es von den Naturwissenschaften dargestellt wird, ist ein Ding, das von unserem Wissen abhängig gemacht und nicht in seiner ungezähmten, unterirdischen Realität belassen wird« (ebd.: 69).

Harman hat die OOO als »den ›objektorientierten‹ Flügel der Bewegung« bezeichnet (Harman 2010b: 1). Allerdings schließen sich nicht alle Vertreter_innen des Spekulativen Realismus seinem Skeptizismus an, einige schätzen die Rolle wissenschaftlichen Wissens deutlich optimistischer und substanzieller ein. Meillassoux etwa vertritt eine Art cartesianischen Rationalismus und stellt die Bedeutung mathematischer Aussagen für die Zurückweisung korrelationistischer Ansätze heraus (vgl. Meillassoux 2008: 157). Während für ihn die Mathematik die Basis der Erkenntnis in einer nicht-anthropozentrischen Welt darstellt, bestreitet Harman grundsätzlich, dass positive Erkenntnis möglich ist (Harman 2012: 184 f.).

1.2 Phänomene, Objekte und Hyperobjekte

Harmans Version der OOO geht auf eine originelle Lesart der Arbeiten von Edmund Husserl und Martin Heidegger zurück. Sie greift die phänomenologische Forderung nach einer Rückkehr »zu den Dingen selbst« (Husserl) auf, um eine »neue Art von Philosophie« (Harman 2015: 64) zu begründen. Husserl ging es weniger darum, die reale Welt zu analysieren, denn um eine angemessene Beschreibung, wie diese dem Bewusstsein gegenüber erscheint. Während er sich also auf Phänomene (statt auf *noumena*) konzentrierte, schreibt ihm Harman dennoch eine entscheidende Entdeckung zu: die Untersuchung sinnlicher Objekte und ihrer Eigenschaften. Husserls Interesse an der Bedeutung von Dingen für das menschliche Bewusstsein wird Harman zufolge durch Heideggers Fokus auf die Undurchdringlichkeit von Objekten erweitert. Er lobt Heidegger dafür, dass er die Aufmerksamkeit auf das richtet, was »hinter allen Phänomenen liegt« (ebd.: 47). Nach Heidegger besitzen Objekte zwei fundamentale Seinsweisen. Sie sind entweder im Bewusstsein »vorhanden« oder »zuhanden«, wenn wir sie benutzen. Dennoch, wie Harman nicht müde wird zu betonen, sind die meisten Objekte nicht vollständig anwesend, sondern sie ziehen sich »in einen schattenhaften unterirdischen Bereich zurück, der unsere bewussten Aktivitäten stützt und selten in unser Blickfeld hereinbricht« (ebd.: 48; 46–65). Harman zufolge ergänzt und korrigiert Heideggers Interesse an der Abwesenheit von Objekten Husserls Fokus auf die Bedeutung von Dingen für das menschliche Bewusstsein.

Vertreter_innen der OOO unterstreichen gerne die »irreduzible dunkle Seite« (Morton 2011: 165) der Objekte, die fundamentaler sei als alle Vorstellungen, Theorien oder Formen ihrer Nutzung. So geht Harman davon aus, dass sich Objekte in eine

Art ontologische Finsternis zurückziehen, auf eine Ebene unterhalb der Phänomene, die nie vollständig von Menschen erreicht werden kann. Um diese dunkle und unzugängliche Dimension von Objekten zu illustrieren, greift er auf ein berühmtes Beispiel aus Heideggers *Sein und Zeit* (1967) zurück. Heidegger zeigt darin, dass eine einfache Fehlfunktion des Hammers plötzlich die Selbstverständlichkeit, mit der wir ihn benutzen, untergraben kann. Diesen Gedanken weitet Harman aus:

> »Die Tatsache, dass der Hammer brechen kann, beweist eine Tiefe, die grundlegender ist als mein Verständnis des Hammers. [...] Die objektorientierte Philosophie geht noch einen Schritt weiter, indem sie sagt, dass Objekte sich gegenseitig verzerren, selbst in schierer kausaler Interaktion.« (Harman 2012: 186)

Der ›weitere Schritt‹, den die OOO unternimmt, geht über Heideggers anthropozentrischen Zugang zu Subjekt-Objekt-Beziehungen hinaus. Die OOO begreift Menschen nicht mehr als Subjekte, die der Welt der Objekte gegenüberstehen und diese beobachten oder benutzen, sondern als deren integralen Bestandteil. Vorgeschlagen wird also eine »›flache Ontologie‹« (Morton 2011: 165), die nicht zwischen verschiedenen ontologischen Schichten oder hierarchisch geordneten Sphären unterscheidet. Der Begriff ›Objekt‹ wird auf reale und imaginäre, natürliche und künstliche, lebende und nicht-lebende, menschliche und nicht-menschliche Entitäten gleichermaßen angewendet. Harman schlägt vor, das Wort ›Objekt‹ in einem semantisch möglichst weiten Sinn zu gebrauchen, um alles zu bezeichnen, was eine einheitliche Realität besitzt: »›Objekt‹ kann sich auf Bäume, Atome und Lieder beziehen, aber auch auf Armeen, Banken, Sportartikelläden und fiktive Charaktere.« (Harman 2010a: 147)

Timothy Morton, ein weiterer wichtiger Vertreter der OOO, schlägt darüber hinaus eine spezifische Kategorie von Objekten vor, die er als »Hyperobjekte« (Morton 2013) bezeichnet. Darunter versteht er Entitäten, die bereits aufgrund ihrer zeitlichen und räumlichen Dimensionen jeden Versuch, sie vollständig begreifen zu wollen, zum Scheitern verurteilen. Morton führt eine Reihe von menschengemachten und natürlich vorkommenden Hyperobjekten an – Radioaktivität, Ölkatastrophen, tektonische Platten, Hurrikan Katrina –, um das Zusammentreffen dieser Entitäten mit Menschen im Zeitalter des Anthropozäns zu untersuchen. Der Klimawandel ist ein Beispiel, das Morton häufig anführt. Er sei »zurückgezogen [im Orig. *withdrawn*]«, da es unmöglich ist, ihn direkt zu sehen oder zu berühren; gleichwohl beeinflusse er nachhaltig Wetterereignisse auf der Erde – ohne auf seine spezifischen Manifestationen, etwa Regen oder Dürre reduziert werden zu können (Morton 2011: 167).

Morton zufolge zeigt die schiere Existenz der Hyperobjekte, die um uns herumschwirren und an uns hängen, wie unhaltbar anthropozentrische Konzepte wie ›Welt‹, ›Natur‹ oder ›Umwelt‹ sind, die eine einheitliche und stabile Grundlage voraussetzen, statt der Vielfältigkeit und Bodenlosigkeit dieser Objekte gerecht zu werden. Die marxistische, postmoderne und umweltwissenschaftliche Forschung sei daran gescheitert, die affektive Präsenz und die unausweichliche Potenz der Hyperobjekte ernst zu nehmen. Notwendig sei eine neue ökologische Sensibilität, welche ihre »Verschlossenheit« oder »seltsame Fremdheit« (Morton 2013: 129 f.) würdige und jeden Bezug auf eine harmonische Natur oder die Vorstellung einer romantischen Umwelt aufgibt. Hyperobjekte überstiegen den menschlichen Verstand und das wachsende Wissen über sie nähre lediglich die Einsicht in ihren unablässigen Rückzug und ihre unhintergehbare Fremdheit: »Je mehr Daten wir über Hyperobjekte haben, desto weniger wissen wir über sie – desto mehr wird uns bewusst, dass wir sie niemals wirklich kennen können.« (Ebd.: 180; Hervorh. im Orig.)

1.3 Ein neuer Essenzialismus

Die grundlegende Vorstellung einer Fremdheit oder Verschlossenheit der Objekte (oder Hyperobjekte) innerhalb der OOO wird ergänzt durch eine umfassende Analyse ihrer Wirkmächtigkeit. Harman hat sich neben Husserl und Heidegger auch intensiv mit der Akteur-Netzwerk-Theorie (ANT) auseinandergesetzt, die er als die »wichtigste philosophische Methode« (Harman 2016: 1) seit dem Auftauchen der Phänomenologie im frühen 20. Jahrhundert betrachtet. Ihre Bedeutung bestehe – das gelte insbesondere für die Arbeiten von Bruno Latour (Harman 2009) – in der Untersuchung des Handlungsvermögens von Objekten. Harman zufolge geht die ANT allerdings nicht weit genug, da sie Objekte auf ihre Handlungen und den Akteurstatus reduziere. Während diese theoretische Perspektive einerseits erfolgreich anthropozentrische Beschränkungen hinter sich lasse, neige sie andererseits dazu, »die Frage zu übersehen, was Objekte sind, wenn sie *nicht* handeln« (Harman 2016: 7; Hervorh. im Orig.). Letztlich lege die ANT den Schwerpunkt zu sehr auf Handlungsvollzüge und Beziehungsgefüge und übersehe so, dass »ein Ding handelt, da es existiert, statt dass es existiert, weil es handelt« (ebd.).

Harman positioniert die OOO als theoretischen Hybrid, der eine radikalisierte Lesart der phänomenologischen Tradition mit der zeitgenössischen ANT verknüpft. Er bringt sie gegen drei »Grundformen des Wissens« in Stellung, die dazu neigen, die »ultimative Unkennbarkeit und Autonomie der Dinge« (ebd.: 12 f.; 2015: 13–28) zu ignorieren oder zu negieren: »Unterlaufen« (im

Orig. *undermining*), »Übergehen« (im Orig. *overmining*) und eine Mischung aus beiden (im Orig. *duomining*). Die erste Strategie (»Unterlaufen«) versucht, Objekte anhand ihrer elementaren Bestandteile zu erklären, und ist in den Naturwissenschaften weit verbreitet. Harman beharrt darauf, dass kein Objekt im Sinne einer »Reduktion nach unten« (Harman 2016: 8) auf irgendein zugrunde liegendes Substrat reduzierbar oder vollständig erklärbar ist, da seine Existenz immer über die Teile hinausgeht, aus denen es sich zusammensetzt. Die zweite Strategie (»Übergehen«) komme besonders in den Kultur- und Sozialwissenschaften zum Tragen und die ANT und Latour seien ihre wichtigsten Repräsentanten. Sie reduzierten ein Objekt auf das, was es tut, da es nichts anderes sei als »seine Beziehungen oder erkennbaren Handlungen« (ebd.: 10). Harman warnt vor dieser relationalen Konzeption, da sie »den Objekten keinen Überschuss an Realität über das hinaus erlaubt, was sie verändern, transformieren, stören oder erschaffen« (ebd.). Der dritte Ansatz kombiniert die beiden vorhergehenden Strategien und verstärkt Harman zufolge deren reduktionistische Tendenzen. Dieses Problem diagnostiziert Harman etwa im agentiellen Realismus von Karen Barad (Kapitel 3), aber auch in aktuellen Weiterentwicklungen der ANT (ebd.: 26).

Gegen diese drei Strategien profiliert sich die OOO als eine neue Form von »Essenzialismus« (ebd.: 17). Dieses theoretische Selbstverständnis soll dazu beitragen, die »politischen Reflexe, die mit Begriffen wie Essenz (›schlecht‹) und wechselseitiges Zusammenspiel (›gut‹) verbunden sind«, zu revidieren (Harman 2007: 22). Die OOO tritt demgegenüber für die Idee ein, dass Objekte intrinsische Qualitäten besitzen, die ihren individuellen Charakter ausmachen und die sie dazu befähigen, mit anderen Objekten zu interagieren. Der positive Bezug auf Begriffe wie ›Wesen‹ oder ›Essenz‹ soll den in den Sozial- und Kulturwissenschaften virulenten »Vorurteilen« (Harman 2012: 188) den Kampf ansagen, die Performativität und Prozess gegenüber Substanz und Essenz privilegieren.

Im Gegensatz zu der Vorstellung, dass Objekte in Praktiken entstehen und Prozessualität und Kontingenz zentrale Bezugspunkte der Analyse bilden (Harman 2016: 14–16), basiert die OOO auf einer »nicht-relationalen Metaphysik« (ebd.: 17). Harman grenzt sich strikt von jeder Form eines »Relationismus [im Orig. *relationism*]« ab (Harman 2009: 75; vgl. auch Morton 2011: 184) – der Idee also, dass »ein Ding allein durch seine Effekte und Allianzen definiert ist statt durch einen einsamen inneren Wesenskern« (Harman 2009: 75). Dieses Thema nimmt eine zentrale Rolle in Harmans Lektüre der Arbeiten von Latour ein. Dessen Relationismus sei weder in der Lage die konkrete Individualität der Objekte noch deren zeitlichen Wandel zu erklären. Die OOO arbeitet demgegenüber mit einer konzeptuellen Opposition und Hierarchie von Objekten und Beziehungen: »Der Begriff ›Objekt‹, wie ich ihn verwende, bedeutet alles, was existiert. Der Begriff ›Beziehung‹ bedeutet jede Interaktion zwischen diesen Objekten. Ich bin der Meinung, dass eine solche Interaktion immer eine Art Übersetzung oder Verzerrung ist, selbst auf der Ebene der unbelebten Dinge.« (Harman 2010b: 2) Dieses Verständnis legt nahe, dass Beziehungen immer ontologisch sekundär sind, da sie die innere Komplexität und undurchdringliche Tiefe von Objekten übersehen oder marginalisieren. Einen ›schwachen‹ Relationismus lässt Harman in seinen Schriften gleichwohl zu. Demzufolge können neue Objekte aus den Beziehungen zwischen bereits existierenden Objekten gebildet werden. Beziehungen stellen in dieser Sichtweise »neue zusammengesetzte Objekte« (Harman 2016: 17) dar, die entstehen, wenn Objekte aufeinandertreffen (vgl. auch Harman 2015).

Dennoch ist festzuhalten, dass die OOO von einer tiefen Abneigung gegenüber allen Formen von Prozessphilosophie, Konzepten der Performativität oder praxeologischen Ansätzen gekennzeichnet ist:

»Diese zutiefst nicht-relationale Auffassung der Wirklichkeit der Dinge ist das Herzstück der objektorientierten Philosophie. Für manche Leser_innen wird es sich sofort zutiefst reaktionär anhören. Schließlich sind die jüngsten Fortschritte in den Geisteswissenschaften stolz darauf, die Vorstellung von faden autonomen Substanzen oder einzelnen menschlichen Subjekten zugunsten von Netzwerken, Verhandlungen, Beziehungen, Interaktionen und dynamischen Schwankungen aufgegeben zu haben. Dies ist das Leitmotiv unserer Zeit gewesen. Aber die Wette der objektorientierten Philosophie ist, dass die programmatische Bewegung hin zu einer ganzheitlichen Interaktion nicht mehr länger befreiend ist und dass die wirklichen Entdeckungen nun auf der anderen Seite des Hofes liegen.« (Harman 2012: 187 f.)

Harman zufolge hat diese Form des Essenzialismus nichts mit ideologischen Konstrukten zu tun, die in der Vergangenheit Formen von Herrschaft legitimierten oder maskierten. Im Gegenteil: die nicht-relationale, objektorientierte Philosophie habe eine befreiende Funktion. Sie ermögliche »einen *seltsamen* [im Orig. *weird*] Realismus, in dem sich reale individuelle Objekte allen Formen kausaler oder kognitiver Beherrschung widersetzen« (ebd.: 188; Hervorh. im Orig.). Der Essenzialismus, auf den sich die OOO beruft, hat dabei eine starke ästhetische Komponente. Harman begreift die Ästhetik als »erste Philosophie« (Harman 2007), da sie die Aufmerksamkeit über menschliche Intersubjektivität hinaus auf die Interaktionen von Objekten richtet. Die Ästhetik sensibilisiere für die grundlegende Erfahrung, dass »die Dinge sich in unendlichen Tiefen befinden und alle Dinge an den flachsten Fassaden der Welt zum Genuss ausbrechen« (ebd.: 21).

Wie Harman und seine Mitstreitenden immer wieder betonen, sind Objekte »seltsam« (Morton 2011: 165), »fremd« (Bogost 2012) oder »merkwürdig« (Harman 2016). Die OOO zielt nicht darauf, ›wahres‹ oder zumindest ›besseres‹ Wissen über diese Objekte bereitzustellen, sondern versucht vielmehr, eine »*Gegen*methode« (Harman 2012: 200; Hervorh. im Orig.) zu etablieren, die sich einem solchen Anliegen prinzipiell widersetzt. Die OOO mobilisiert ästhetische Erfahrungen, um die Grenzen der Erkenntnis aufzuzeigen. Die beste philosophische Option sei daher, vom ›Willen zum Wissen‹ Abstand zu nehmen, um den erstaunlichen Reichtum und die unermessliche Tiefe der Objekte zu würdigen.

1.4 Subjektivismus reloaded

Das von der OOO vorgeschlagene ästhetische Verständnis des »Universums der Dinge« (Shaviro 2014) führt zu einem zentralen Problem: Die Entstehung und Dynamik von Objekten kann aus dieser Perspektive nur unzureichend erfasst werden. Ein Beispiel dafür ist Harmans ›objektorientierte‹ Analyse der niederländischen Ostindien-Kompanie (Vereenigde Oostindische Compagnie: VOC), die im 17. und 18. Jahrhundert eines der größten Handelsunternehmen der Welt und ein machtvoller politischer Akteur der gewaltvollen Kolonialisierung war. Überraschenderweise legt Harmans Geschichte der Organisation den Akzent auf die »Suche nach herausragenden individuellen Menschen in der Geschichte der VOC« (Harman 2016: 55). Die programmatische Forderung, den Reichtum der Objekte wertzuschätzen und sie neu zu erfahren, bedient sich schließlich einer analytisch armen und höchst subjektiven Forschungsagenda. Harman wärmt nicht nur überholte Traditionen der Geschichtsschreibung wieder auf, die sich bei der Darstellung historischer Entwicklungen und Ereignisse auf ›große Männer‹ konzentrierten, er versäumt es auch, die Kriterien zu benennen, die einen bestimmten Menschen (oder ein Objekt) als »herausragend« qualifizieren. Was Harman als ein neues »Forschungsprogramm« (Harman 2007: 22) bewirbt, wirkt seltsam altbacken und lässt historische Tiefe ebenso vermissen wie analytische Klarheit.

Auch über dieses Beispiel hinaus stützen sich Harmans Argumente meist auf die Diskussion von Einzelfällen, mittels derer er die extreme Vielfalt oder das wirkliche Wesen von Objekten zu veranschaulichen sucht. Dabei ignoriert er jedoch die allgemeinen Entstehungsbedingungen und Kontexte, welche die Dynamik und Entwicklungspfade dieser Objekte beeinflussen. Dieses beunruhigende Fehlen eines Interesses an empirischer Konkretion wird noch verschärft durch einen eklatanten Mangel an konzeptioneller Präzision. Während der Fokus auf Objekte hilfreich sein könnte, um eine präanalytische Unterscheidung zwischen lebenden und nicht-lebenden Entitäten zu umgehen, hält Harman an dieser Dichotomie fest, indem er das Leben und Sterben von Objekten und deren »Lebensdauer« diskutiert (Harman 2016: 47). Dies führt nicht nur zu begrifflichen Unschärfen, da in der zeitgenössischen Biologie die Grenze zwischen Leben und Tod umstritten ist (vgl. Helmreich 2011), sondern bekräftigt auch die problematische ontologische Unterscheidung und (bio-)politische Hierarchisierung zwischen Leben und Nicht-Leben (vgl. Povinelli 2016).

Der Grund für diese Probleme liegt nicht zuletzt in der ebenso umfassenden wie unspezifischen Konzeption des Objekts. Um mit dem erkenntnistheoretischen und ontologischen Privileg zu brechen, das menschlicher Subjektivität zugestanden wird, führt die OOO die Idee isolierter, absoluter und abgeschlossener Objekte ein – wobei der Mensch als Seiendes unter Seiendem behandelt wird. Dieser egalitäre oder »demokratische« Impuls (vgl. Bryant 2011) hat jedoch schwerwiegende theoretische Folgen. Er verführt dazu, das Kind mit dem Bade auszuschütten, da diese dezentrierende Bewegung »jede Befragung der Wirkung des menschlichen Objekts (geschweige denn ›Subjekts‹) auf andere Objekte scheut« (Johns-Putra 2013: 128). Bedauerlicherweise besitzt die OOO – trotz der Weiterentwicklung durch den Begriff des Hyperobjekts – keine konzeptionellen oder theoretischen Ressourcen, um den Klimawandel oder irgendeine andere Form machtvoller asymmetrischer »Kommunikation« (Harman 2007: 30) zwischen Objekten zu analysieren. Eine ›flache Ontologie‹, die eine starke Betonung ästhetischer Fragen mit einem fehlenden Interesse an empirischen Analysen kombiniert, führt in eine theoretische Sackgasse. Jenseits des allgemeinen Themas der menschlichen Beherrschung und der Kritik des Anthropozentrismus schweigt die OOO darüber, wie Objekte (menschliche und nicht-menschliche) sich wechselseitig hervorbringen, miteinander interagieren und sich gegenseitig beeinflussen; ihr Hauptinteresse besteht darin, dieses Schweigen zu kultivieren und zu ästhetisieren, um über die irreduzible Fremdheit und überraschende Tiefe der Objekte zu spekulieren.

Bemerkenswerterweise wiederholt und bestätigt die ungeheure Wertschätzung der Fremdheit von Objekten eine recht vertraute Erzählung, die angesichts der Prämissen der OOO längst überholt schien. Die OOO operiert mit »einer verblüffenden Theorie der Subjektivität« (Morton 2011: 168), die die radikale Idee einer asubjektiven Natur mit einer kruden Form des Subjektivismus verbindet. Stacy Alaimo arbeitet die spezifischen Konturen und das Selbstverständnis der OOO heraus, indem sie beispielhaft Ian Bogosts Argumentation und seinen Fragehorizont anführt: »Wie ist es, ein Computer oder ein Mikroprozessor oder ein Flachbandkabel zu sein? [...] Als Operatoren oder Ingenieure können wir vielleicht beschreiben, wie sie *funktionieren*? Aber was *erleben* sie? Was ist ihre eigentliche Phänomenologie? Kurz gesagt, wie ist es, ein Ding zu sein?« (Bogost 2012: 9–10; Hervorh. im Orig., zitiert nach Alaimo 2014: 15) Alaimo bestreitet, dass es in irgendeiner Weise sinnvoll oder nützlich ist, sich als Mensch vorzustellen, wie es ist, ein Kabel ›zu sein‹. Allerdings sei die Fragestellung aufschlussreich, da sie die typische Geste eines souveränen und autonomen (männlichen) Subjekts wiederholt, das nicht situiert oder verkörpert ist, sondern sich als reiner, rationaler Geist imaginiert. Alaimo erkennt daher in Bogosts Suche nach einer posthumanen Erfahrung nichts anderes als »ein humanistisches und maskulinistisches Gefühl für ein körperloses Subjekt« (Alaimo 2014: 15; siehe auch Sheldon 2015: 204; Taylor 2016: 210).

Dieses Problem ist nicht auf die Arbeiten von Bogost beschränkt. Harman, Morton und andere Vertreter (sic!) der OOO pflegen eine »etwas hermetische Forschungsumgebung« (Norris 2013: 195), die den Eindruck eines geschlossenen Männerclubs erweckt. So neigen sie nicht nur zu einer »Menge inzestuöser gegenseitiger Zitate« (Taylor 2016: 205), sondern ignorieren oder marginalisieren andere wichtige, besonders feministische Traditionen neomaterialistischen Denkens, die dazu beitragen könnten, ihre Prinzipien und Ideen zu korrigieren oder zu ergänzen (vgl. Sheldon 2015: 204). Diese vorsätzliche theoretische Isolierung spiegelt in gewisser Weise die argumentative Ablehnung des ›Relationismus‹ wider, aber die Wertschätzung abgeschlossener und absoluter Objekte hat einen hohen Preis. Da nur ein recht enger Kanon von Texten und Theorien herangezogen wird, immunisiert sich die OOO gegen kritische Einwände und ignoriert produktive Anschlussperspektiven. Die Folge sind oft ermüdende Behauptungen, sich wiederholende Argumente und völlig überzogene Ansprüche auf theoretische Originalität, die

»die Glückseligkeit eines neuen Denkens« (Morton 2011: 163) in Aussicht stellen. Die Rhetorik von Branding und Innovation überwiegt und verkündet »eine neue Ära der Gelehrsamkeit« (Morton 2013: 159) oder das Entstehen einer »neuen Generation von Denkern« (Bryant et al. 2011: 3).

Die Annahme einer grundsätzlichen Unverfügbarkeit der Objekte hat die Protagonist_innen der OOO nicht davon abgehalten, eine Vielzahl von Behauptungen über deren Wesen und Eigenschaften aufzustellen. Es entbehrt nicht einer gewissen Ironie, wie beredt sie den Rückzug des Realen beschreiben und in immer neuen Worten die Beharrlichkeit, Unvorhersehbarkeit und Dunkelheit der Objekte beschwören. Allerdings entpuppt sich das proklamierte »neue Denken« (Morton 2011: 163) bei genauerem Hinsehen als die Neuauflage eines altbekannten philosophischen Stücks, in dem Subjekt und Objekt einander gegenüberstehen. Harman und andere Vertreter_innen der OOO versuchen zwar, ein umfassendes theoretisches Vokabular zu entwickeln, das »auf die primitiven Psychen von Gestein und Elektronen genauso anwendbar ist wie auf Menschen« (Harman 2015: 129), aber es ist mehr als fragwürdig, ob dieses programmatische Ziel der postulierten Alterität und ›Fremdheit‹ menschlicher wie nicht-menschlicher Objekte gerecht wird. Wie lässt sich die einfache theoretische Ausdehnung der ehemals dem Menschen vorbehaltenen Eigenschaften (z.B. Kommunikation, Denken oder Erfahrung) auf nicht-menschliche Objekte mit der grundlegenden Einsicht in Einklang bringen, dass Objekte ›verschlossen‹ und ›zurückgezogen‹ sind? Seltsamerweise artikuliert sich der Wunsch, Objekte außerhalb und unabhängig von menschlicher Subjektivität zu untersuchen, in anthropomorphen Begriffen.

Die konzeptionellen Vorschläge, welche die OOO liefert, sind letztlich nicht überzeugend. Die Ablehnung des ›Relationismus‹ beruht auf der Idee einer »phantasmatischen Transparenz« (Zalloua 2015: 406), die jede Form von Vermittlung und Interaktion als Verzerrung und Reduktion begreift. Aber der vielleicht problematischste Aspekt der OOO (und des Spekulativen Realismus) ist nicht ihre naive Begegnung mit den Dingen, sondern ihr Angriff auf den Kritikbegriff in Philosophie und Gesellschaftstheorie. Die spekulative Wende geht auf Distanz zur kritischen Tradition, da sie systematisch Stabilität, Beharrlichkeit, Dauer und Unzugänglichkeit privilegiert; ihr Fokus auf individuelle und isolierte Objekte verfügt über keinerlei analytische Werkzeuge, um strukturelle Hierarchien und Asymmetrien zu erklären. Ebenso wenig unternimmt die OOO den Versuch, der faktischen Sonderstellung menschlicher Objekte und ihrer differenziellen Macht über andere (menschliche ebenso wie nicht-menschliche) Objekte Rechnung zu tragen (Mersch 2016). Ironischerweise »sind wir genau in dem Moment, in dem der Mensch eine Zustandsverschiebung in der Biosphäre der Erde verursacht hat und eine Massenausrottung verantwortet, Zeuge des Aufstiegs einer Gesellschaftstheorie, die die Handlungsfähigkeit massiv auf das Nichtmenschliche umverteilt und den Rückzug als primäre Seinsweise fördert« (Campbell et al. 2019: 9 f.). Die Ablehnung des Anthropozentrismus und die Affirmation des ontologischen Egalitarismus, den die OOO betreibt, zielen explizit darauf, die Unterscheidungen zwischen den Objekten analytisch zu verflachen (statt sie zu vertiefen) – und verschleiern damit die de facto privilegierte Rolle und die planetare Macht des Menschen. Dies ist in der Tat ein »*seltsamer* Realismus« (Harman 2012: 188; Hervorh. im Orig.), der leider wenig mit der sozio-materiellen Wirklichkeit zu tun hat, an der sich objektiv zu orientieren er vorgibt.

2. Vitaler Materialismus: Jane Bennett und die Lebendigkeit der Dinge

Während die objektorientierte Ontologie die ›Zurückgezogenheit‹ oder ›Verschlossenheit‹ der Objekte herausstellt, betont ein anderer wichtiger Strang der Neuen Materialismen die ›Vitalität‹ oder ›Lebendigkeit‹ der Dinge. Statt für Probleme des Seins interessiert sich diese Version des Materialismus eher für Prozesse des Werdens. An die Stelle abstrakter Konzepte und der unablässigen Suche nach der inneren Tiefe stabiler und isolierter Objekte treten sich permanent verändernde Verbindungen zwischen menschlichen und nicht-menschlichen Körpern.

Das theoretische Profil und die politischen Perspektiven dieses »vitalen Materialismus« (Bennett 2020: 11) hat die Politikwissenschaftlerin Jane Bennett prägnant ausgearbeitet. Erklärtes Ziel ihrer Schriften ist es, die traditionellen Dualismen zwischen Materie und Leben, anorganisch und organisch, passiven Objekten und aktiven Subjekten zu überwinden. In den Büchern *The Enchantment of Modern Life. Attachments, Crossings and Ethics* (2001) und *Lebhafte Materie: Eine politische Ökologie der Dinge* (2020, Orig. 2010) begreift sie Materie als integralen und aktiven Bestandteil politischer Prozesse. Bennett schlägt den Begriff der »Ding-Macht [im Orig. *thing-power*]« (Bennett 2020: 22) vor, um die Fähigkeit von Dingen zu erfassen, im Zusammenspiel mit anderen materiellen Körpern Wirkungen zu entfalten.

Dieses Kapitel stellt die wichtigsten Argumente dieses »verzauberten Materialismus« (Bennett 2001: 156–58; 2005: 135) sowie Probleme und Grenzen dieser theoretischen Perspektive dar. Zunächst analysieren wir die ontologischen Grundlagen von Bennetts Vitalismus und erläutern das Konzept der ›Ding-Macht‹ (2.1). Im nächsten Abschnitt diskutieren wir zwei Beispiele, welche die »Kraft der Dinge« (Bennett 2004) veranschaulichen sollen: der völlige Zusammenbruch des Stromnetzes in Nordamerika im Jahr 2003 und die ernährungsphysiologischen Auswirkungen einer bestimmten Art von Lipiden, den Omega-3-Fettsäuren. Vor diesem Hintergrund erläutern wir Bennetts Vorschlag einer vitalistisch informierten politischen Theorie (2.2). In einem dritten Schritt arbeiten wir konzeptuelle und analytische Probleme des vitalen Materialismus heraus. Das Konzept der ›Ding-Macht‹ enthält essenzialistische Restbestände, die auch dessen empirische Aussagekraft entscheidend beschränken (2.3). Abschließend skizzieren wir die Verengung von Bennetts Perspektive auf ethische Fragen, die ihre politischen Anliegen und Interessen unterminiert (2.4).

2.1 Die Vitalität der Materie

Bennetts Werk bricht mit der die westliche philosophische Tradition dominierenden Vorstellung, dass die Natur von deterministischen Gesetzen beherrscht wird, während menschliche Gesellschaften sich durch freie Willenshandlungen auszeichnen. Das von ihr vorgeschlagene alternative Narrativ stellt die »Vitalität der Materie« (Bennett 2020: 7) in den Vordergrund – ein Konzept, das konventionelle Vorstellungen von Handlungsfähigkeit irritiert und untergräbt, da es die Wirkmacht nicht-menschlicher Entitäten anerkennt und ins Zentrum der Überlegungen rückt:

»Mit ›Vitalität‹ meine ich die Fähigkeit von Dingen – etwa von essbaren Gegenständen, Waren, Stürmen, Metallen –, den Willen und die Vorhaben von Menschen nicht nur zu behindern und zu blockieren, sondern darüber hinaus auch als Quasi-Aktanten oder Kräfte mit eigenen Entwicklungsverläufen, Neigungen oder Tendenzen zu wirken.« (Ebd.: 8)

Diese »neo-animistische Ontologie« (Bennett 2011: 120) mobilisiert ein heterogenes Bündel theoretischer Traditionen und Referenzen. Bennett greift Ideen des antiken Philosophen Lukrez ebenso auf wie Einsichten der frühneuzeitlichen Philosophie von Baruch de Spinoza oder Konzepte von Theodor W. Adorno und Gilles Deleuze. Ihr zufolge sollte »das Vermögen von Agenten [...] heute als ein differenziell über ein breites Spektrum ontologischer Typen verteiltes begriffen« (Bennett 2020: 38 f.) werden. Ziel dieser Neukonzeption ist es, die grundsätzliche Trennung zwischen Mensch und Nicht-Mensch, Subjekt und Objekt zu überwinden, um auch Dinge wie Nahrung und Mineralien als wirkmächtig zu begreifen. Darüber hinaus kritisiert Bennett die analytische Fokussierung auf einzelne Körper und deren Grenzen und schlägt vor, Handlungen als Resultat von Konfigurationen menschlicher und nicht-menschlicher Kräfte zu konzeptualisieren, die sie – in Anlehnung an Deleuze und Félix Guattari – als »Gefüge« (im Orig. *assemblage*) bezeichnet. In ihrer Lesart sind Gefüge »ad hoc entstehende Gruppierungen unterschiedlicher Elemente, lebhafter Materialien aller Art« (ebd.: 59; vgl. Bennett und Khan 2009: 92).[5]

Bennetts Projekt verknüpft ein philosophisches Anliegen mit einer politischen Intervention. Das philosophische Ziel besteht darin, die Idee der Materie als toter oder passiver Stoff zu widerlegen. Materie soll als »lebhaft, vital, energetisch, lebendig, vibrierend, schwingend, flüchtig und ausströmend« (Bennett 2020: 185) begriffen und aus ihrer Marginalisierung im traditionellen philosophischen Denken gelöst werden. Dieser Schritt sei auch politisch bedeutsam, da die Aufmerksamkeit für eine ›lebhafte Materie‹ »die Entwicklung ökologisch sinnvollerer und materiell nachhaltigerer Produktions- und Konsumformen« begünstige und »›grünere‹ Formen menschlicher Kultur« (ebd.: 8–11) fördere. Die Idee einer geteilten Vitalität aller Dinge ermögliche eine radikale politische Transformation, die zu einer neuen ökologischen Sensibilität und der radikalen Neustrukturierung der ökonomischen Verhältnisse beitrage. Vor diesem Hintergrund lautet Bennetts Leitfrage: »Wie würden sich die politischen Reaktionen auf gesellschaftliche Probleme verändern, wenn wir die Vitalität (nichtmenschlicher) Körper ernst nähmen?« (ebd.: 8)

Bennetts vitaler Materialismus unterscheidet sich sowohl von älteren Versionen des Vitalismus als auch von traditionellen Formen des Materialismus. Im Gegensatz zu ersterem kennt er keine universelle oder isolierte Lebenskraft – etwa einen »élan vital« (Bergson 1998) oder das Prinzip der »Entelechie« (Driesch 1935) –, die allen Organismen gemeinsam ist und diese belebt. Während Hans Driesch und Henri Bergson an der begrifflichen Opposition von Materie und Leben festhielten, folgt Bennett den Spuren Spinozas, indem sie die kreative und dynamische Rolle der Affekte in Materialisierungsprozessen betont (Bennett 2020: 15–16; 115–143; siehe auch Gamble et al. 2019: 119 f.). Der vitale Materialismus beansprucht auch, über konventionelle Materialismen und deren analytisch-kritische Ressourcen hinauszugehen. Bennett weist in diesem Zusammenhang auf die Grenzen der in der materialistischen Tradition prominenten Strategie der »Entmystifizierung« (Bennett 2020: 17) hin. Diese bediene sich oft eines anthropozentrischen Repertoires, indem sie in der Kritik der Verdinglichung oder Fetischisierung davon ausgehe, dass menschliches Handeln »unzulässigerweise auf Dinge projiziert« (ebd.: 17; 2001: 111–130) werde. Es reiche jedoch nicht aus,

»gesellschaftliche Hegemonien aufzudecken« (Bennett 2020: 16), wie es der historische Materialismus in der Nachfolge von Marx tat; darüber hinaus sei es notwendig, sich mit der »nichtmenschlichen, dinglichen Macht« zu befassen (ebd.). Daher muss Bennett zufolge die negative Kritik an den bestehenden Institutionen durch den Entwurf »positive[r] und selbst utopische[r] Alternativen« (ebd.: 18) ergänzt werden.

2.2 Die Macht der Dinge

Wie Harman greift Bennett konzeptuelle Neuerungen der Akteur-Netzwerk-Theorie auf, insbesondere den Vorschlag, den (menschlichen) Akteur durch die Figur des Aktanten zu ersetzen, der sowohl menschlich als auch nicht-menschlich sein kann. Ein Aktant definiert sich nicht durch die abstrakte Handlungsfähigkeit eines bereits existierenden Subjekts, sondern dadurch, dass er konkrete Wirkungen hervorruft und Situationen praktisch verändert (vgl. Bennett 2004: 355; 2005: 133–35). Bennett beobachtet unbestreitbare »Parallelen« (Bennett 2020: 166) zwischen dem Handeln von Menschen und nicht-menschlichen Entitäten. Letztere wiesen zwar nicht »dieselbe Art von Handlungsmacht« (ebd.: 165) auf; gleichwohl reagieren Bennett zufolge nicht nur Menschen, sondern auch vergleichsweise einfache Organismen wie Regenwürmer auf sich verändernde Kontexte und Situationen. Deren Handlungen zeugten von einer »gewissen von den Aktanten ausgeübten ›Wahlfreiheit‹« (ebd.: 164), die sich nicht auf einen göttlichen Plan oder einen mechanischen Instinkt zurückführen lasse.

Bennetts vitaler Materialismus zielt aber nicht nur darauf, nicht-menschliche Tiere oder Pflanzen in die politische Analyse einzubeziehen; vielmehr argumentiert sie, dass auch anorganische Materie, etwa Abfall oder Mineralien, »Lebenskräfte, Widerstand und sogar eine Art Willenskraft« (Bennett 2004: 360) aufweist. Die folgenden zwei Fallbeispiele illustrieren dieses Konzept von »verteilte[m] Handlungsvermögen« (Bennett 2020: 55; 60–66). Das erste ist der berühmte Stromausfall in Nordamerika im Jahr 2003. Er betraf fünfzig Millionen Menschen in den USA und Kanada für etwa vierundzwanzig Stunden und führte zur Abschaltung von über hundert Kraftwerken, darunter zweiundzwanzig Kernreaktoren. Bennett schlägt vor, das Stromnetz als ein »wirkmächtiges Gefüge« (ebd.: 55) zu betrachten, das aus einer Ansammlung heterogener Aktanten besteht, die auf die eine oder andere Weise zum Stromausfall beigetragen haben. Die Zusammensetzung des Stromnetzes umfasse menschliche Akteure, welche die Kraftwerke bauen und verwalten, die Netze warten, den Betrieb überwachen, den Strom verbrauchen und die Regulierungsgesetze erlassen, aber sie enthalte auch eine andere Art von Aktanten: Elektronen, Bäume, Wind, Feuer, Kohle, Schweiß, Computerprogramme, Plastik, Draht, Holz und elektromagnetische Felder (ebd.: 60–62). Bennett rekonstruiert die Ereignisse vom August 2003 in den Vereinigten Staaten und Kanada wie folgt:

> »An jenem Augusttag scheinen mehrere zunächst unzusammenhängende Generatorausfälle in Ohio und Michigan eine Veränderung des Elektronenflusses entlang der Übertragungsleitungen bewirkt zu haben. Nach einer Reihe weiterer Ereignisse – darunter ein Buschbrand, bei dem eine Übertragungsleitung verbrannte, und mehrere Unfälle, bei denen Bäume und Kabel im Spiel waren – kam es zur schrittweisen Überlastung anderer Leitungen und schließlich zu einem ganzen Strudel von Ausfällen. Ein Kraftwerk nach dem anderen koppelte sich vom Netz ab, wodurch die verbliebenen Elemente immer stärker belastet wurden. In einem Zeitraum von nur zwanzig Minuten ›flogen entlang des Eriesees zwanzig mit 2174 Megawatt belastete Generatoren aus dem Netz‹« (ebd.: 62).

Laut Bennett war der Stromausfall der »Endpunkt einer Kaskade« (ebd.: 61); das Resultat eines dynamischen Zusammenspiels menschlicher und nicht-menschlicher Aktanten. An dem Blackout seien nicht nur menschliche Entscheidungen, Motive und Versäumnisse wie überzogene Profitinteressen und unzureichende Wartungsprogramme beteiligt gewesen, sondern auch Bäume und Computerprogramme. Zu den regulatorischen Rahmenbedingungen (wie der neoliberalen Organisation des Energiemarktes) und technischen Infrastrukturen traten auch spontane Ereignisse wie ein Feuer. Indem Bennett auf die Hybridität menschlicher und nicht-menschlicher Agentschaften hinweist, problematisiert sie erfolgreich lineare Kausalitätskonzepte. Sie kritisiert nicht nur die Vorstellung, die Folgen von Handlungen vorhersagen und kontrollieren zu können, sondern erschwert auch moralische »Praxen der Schuldzuschreibung« (ebd.: 79). Angesichts der Komplexität des Ereignisses und der Vielzahl der beteiligten Aktanten gebe es keine einfache Antwort auf Fragen von Schuld und Verantwortung.

Bennetts zweites Beispiel diskutiert eine bestimmte Form ungesättigter Fettsäuren, die unter anderem bei einigen Meeresfischen vorkommt: Omega-3. Sie verweist auf mehrere wissenschaftliche Studien, welche die positiven Effekte von Omega-3 auf den menschlichen Körper bewiesen hätten (ebd.: 82 f.). Bennett zufolge belegen diese Studien, dass diese Art von Fettsäuren das menschliche Verhalten, affektive Zustände und kognitive Fähigkeiten in signifikanter Weise modulieren und verbessern, da sie »Gefängnisinsassen weniger gewalttätig, Schulkinder konzentrierter und Manisch-Depressive weniger depressionsanfällig machen« (ebd.: 84).

Für Bennett ist Omega-3 ein überzeugendes Beispiel dafür, dass die Wirkung von Nährstoffen mehr ist als ein Milieu oder eine Ressource für menschliches Handeln. Es sei davon auszugehen, dass sie mit dem menschlichen Körper interagieren und Verbindungen bilden, die Bennett als »amerikanischer Konsum« oder die »Fettleibigkeitskrise« bezeichnet (ebd.: 82). Die vitalen Fähigkeiten der Omega-3-Fettsäuren legen für Bennett eine Neubewertung der Art und Weise nahe, wie wissenschaftliche und politische Autoritäten Ernährungsproblemen begegnen (sollten), sowie eine Revision der bislang verfolgten Lösungsstrategien. Erstens sei es erforderlich, den Schwerpunkt der Untersuchung vom liberalen Konzept des freien Willens einzelner Menschen auf die heterogenen und komplexen Handlungsgefüge zu verlagern, deren integrale Bestandteile diese sind. Zweitens müsse die Analyse nicht nur die sozialen, kulturellen oder wirtschaftlichen Faktoren einbeziehen, die Ernährungsroutinen und -regime formen und steuern, sondern auch die agentiven Eigenschaften von Fettsäuren und anderen Nährstoffen, die affektive Zustände oder das Wohlbefinden von Menschen regulieren. Beispielsweise eröffne der vitale Materialismus eine andere Perspektive auf die Behandlung von Adipositas:

> »Das Problem der Fettleibigkeit würde dann nicht nur auf stämmige Menschen und ihre ökonomisch-kulturellen Prothesen verweisen (die Agrarindustrie, Imbissautomaten, Insulinspritzen, Adipositaschirurgie, Portionsgrößen, Lebensmittelvermarktungs- und -vertriebssysteme, Mikrowellenherde), sondern auch auf die Tendenzen und Entwicklungsverläufe von Fetten, die das Vermögen des menschlichen Willens sowie menschlicher Gewohnheiten und Ideen schwächen oder stärken können.« (Ebd.: 87)

Wie bereits erwähnt, ist die vitalistische Anerkennung einer ›Ding-Macht‹ eng mit einem normativen Projekt verbunden. Bennett zielt auf eine Neuausrichtung der politischen Theorie, die deren anthropozentrische Grundlagen infrage stellt – und schließlich überwindet. Während die zeitgenössische Demokratietheorie um die Figur des menschlichen Subjekts kreist, schlägt

Bennett ein komplexeres Konzept des »Demos« (ebd.: 69) vor, dessen Zusammensetzung nicht auf Menschen beschränkt ist. Ihr zufolge ermöglicht dieser theoretische Schritt eine »radikalere Theorie der Demokratie« (2005: 142), die der allen Materialitäten gemeinsamen dynamischen und vitalen Kraft gerecht wird.

Ausgehend von der Beobachtung einer »*strukturellen Parallele* zwischen Formationen in der Natur und kulturellen Formationen« (ebd.: 137; Hervorh. im Orig.), schlägt Bennett eine alternative Lesart der politischen Theorie von Jacques Rancière vor. Sie greift dessen These auf, dass Demokratie durch den Aufstand derjenigen definiert wird, die gegen ihren Ausschluss aus der Politik protestieren, indem sie den »Anteil der Anteillosen« einfordern (Rancière 2002). Statt von der Suche nach Konsens geprägt zu sein, ist dieser Politikbegriff durch den Streit über die Zusammensetzung des Demos gekennzeichnet. Die Offenheit der Frage, wer als politisches Subjekt anerkannt wird, soll so zur Geltung gebracht werden. Dieses Konzept der Demokratie macht die Kontingenz der vorherrschenden »Aufteilung des Sinnlichen« (Rancière 2008) deutlich, die einen ontologischen Rahmen vorgibt, in dem einige Gruppen und Handlungen sichtbar sind, während andere ›außerhalb des Blickfelds‹ verbleiben (vgl. Bennett 2005: 138).

Während Bennett Rancières demokratietheoretische Prämissen teilt, sieht sie dessen Position zugleich von einem anthropozentrischen Imaginären geprägt, das nur Menschen als politische Subjekte wahrnimmt und die Bedeutung der Nicht-Menschen für demokratische Prozesse ignoriert. Um diese Auffassung von Demokratie zu erweitern, stellt sie die selbstorganisierende Macht der komplexen Gefüge heraus, die menschliches Handeln immer schon übersteigen. Bennett greift dabei Latours Vorschlag auf, neue Formen des Austauschs und der Kommunikation zwischen

Menschen und Nicht-Menschen zu entwickeln, die letztlich den Weg hin zu einem »Parlament der Dinge« ebnen können (Bennett 2020: 173 f.; Latour 1995: 189–93). Mit dieser Erweiterung kritisiert Bennetts politische Theorie die Idee einer ontologischen Hierarchie, die den Menschen an die Spitze stellt, und schlägt stattdessen eine abgeflachte Konzeption vor, die ihn ›lediglich‹ als eine »besonders reichhaltige und komplexe Sammlung von Materialien« (Bennett 2020: 42) begreift.

Durch den analytischen Fokus auf Gefüge und Verbindungen leistet Bennetts vitaler Materialismus einen wichtigen Beitrag zur Problematisierung liberaler Vorstellungen individueller Selbstbestimmung auf der einen und der Autonomie isolierter Objekte innerhalb der OOO auf der anderen Seite. Darüber hinaus verknüpft der Begriff der ›Vitalität der Materie‹ zwei Elemente, die oft als gegensätzlich oder sogar widersprüchlich angesehen werden, nämlich Materie und Leben. Dieser semantische Hybrid ermöglicht es, die strikte Trennung zwischen Organischem und Anorganischem zu hinterfragen. Bennett reserviert den Begriff des Lebens nicht für Organismen, sondern dehnt bestimmte Qualitäten und Eigenschaften, die den modernen Lebensbegriff definieren (z.B. Selbstorganisation, Reproduktion), auf anorganische Materie aus und argumentiert, dass auch Mineralien sich reproduzieren (vgl. ebd.: 41 f.). Sie erinnert uns auch an die Tatsache, dass in bestimmten historischen Epochen und kulturellen Kontexten nicht-menschliche Entitäten als juristische und moralische Akteure betrachtet wurden bzw. werden.[6] Ihrer Einschätzung nach helfen diese vormodernen (und nichtmodernen) Erfahrungen der Anerkennung nicht-menschlichen Tuns, alternative Konzepte des Handelns zu entwerfen, die Handlungskompetenz und Verantwortung nicht auf Menschen beschränken.

2.3 Die Essenzialisierung der Lebenskraft

Bennetts Arbeiten haben zu einem komplexeren Verständnis von Politik beigetragen und die Vorstellung problematisiert, dass diese auf soziale Interaktionen zwischen Menschen begrenzt sei. Allerdings wirft der vitale Materialismus auch eine Reihe von konzeptuellen und analytischen Problemen auf, die das Vorhaben untergraben, einen »alternativen Zugang zur Demokratie« (Bennett 2005: 136) anzubieten.

Zweifel wirft bereits Bennetts Diagnose auf, dass Materie im aktuellen politischen Denken und in sozialen Praktiken auf eine tote und passive Substanz reduziert werde (vgl. Bennett 2020: 30). So hat etwa Ben Anderson betont, dass Materie im Zuge von Digitalisierungs- und Molekularisierungsprozessen und innerhalb der zeitgenössischen Diskurse um Resilienz und Gefahrenabwehr zunehmend als informationell, agentiv und formbar begriffen wird (Anderson 2011b: 395; siehe auch Braun 2011; Barry 2013). Hinzu kommt, dass Bennett zu einem romantisierten und einseitigen Bild der ›Lebendigkeit der Dinge‹ neigt. Ihre Darstellung begreift Vitalität und Verzauberung allein als »eine positive Ressource« (Bennett 2001: 15), während sie deren destruktive Seite eher vernachlässigt oder ignoriert. Lebendige Materie ist aber nicht immer und in jedem Fall eine Quelle der Freude und der Entfaltung, sondern kann auch gefährliche und möglicherweise tödliche Folgen bergen, wie Naturkatastrophen, der Klimawandel oder toxische Stoffe wie Asbest bezeugen (vgl. Gregson et al. 2010: 1080–1082; Jensen 2015: 19).

Ein weiteres Problem resultiert aus Bennetts umfassendem Verständnis des Lebens. Wie wir gesehen haben, geht sie über organische Konzepte des Lebens hinaus und behauptet, dass »in einem gewissen Sinn, alles lebendig [ist]« (Bennett 2020: 193). In ihrer Allgemeinheit ist diese Position jedoch nur teilweise überzeugend. Zwar mag es gute Gründe dafür geben, Leben nicht als Eigenschaft zu begreifen, die allein bestimmten Körpern zukommt, sondern als einen Prozess oder vielmehr als das Ergebnis von spezifischen Materialisierungen; dennoch scheint es sinnvoll, zwischen unterschiedlich zusammengesetzten Materialitäten und verschieden komplexen Verbindungen zwischen Körpern zu unterscheiden – wobei die Differenzierung zwischen belebten und unbelebten Körpern eine wesentliche Rolle spielen könnte (vgl. Braun und Whatmore 2010b: xxix; Braun 2008: 675–677).

Ähnliche Vorbehalte gelten für den Begriff des Dings. Der vitale Materialismus stellt Eigenschaften heraus, die auf einige Dinge eher als auf andere zutreffen. Wenn Bennett die Dinge definiert als »die gewöhnlichen Sachen um uns herum, die wir besitzen und benutzen und von denen wir besessen und benutzt werden« (Bennett und Loenhart 2011: 6), erfasst diese Definition nur ein sehr eingeschränktes und oberflächliches Verständnis von Dingen. Wie die vielen von ihr angeführten Beispiele vom Abfall bis zu den Würmern zeigen, erfordert Bennetts Begegnung mit der Materie visuellen Kontakt und körperliche Präsenz (Gregson 2011; Princen 2011). Das ontologische Spektrum der von ihr diskutierten Dinge scheint nur natürliche Entitäten und technologische Objekte zu umfassen (vgl. Bennett 2005: 134 f.) – und schließt damit eine große Vielfalt anderer Dinge jenseits dieser Kategorien oder unterhalb der Schwelle von Sichtbarkeit und Körperlichkeit aus. Damit bleibt offen, wie »wir Begegnungen mit Kräften wie Finanzströmen oder Systemen wie dem Klima verstehen [können], die über die enge körperliche Präsenz einiger von Bennetts Beispielen hinausgehen« (Anderson 2011b: 394).

Leider ist Bennetts Sicht der Dinge nicht nur empirisch begrenzt. Der vitale Materialismus ist auch durch grundlegende konzeptuelle Probleme gekennzeichnet. Steve Hinchliffe (2011) hat auf eine wichtige Ambivalenz in Bennetts Arbeiten aufmerksam gemacht. Obwohl Bennett immer wieder betont, dass Dinge als relational zu begreifen sind, da sie keine stabilen und festen Gebilde darstellen, sondern an dynamischen und prozessualen Gefügen teilhaben, stellt sie an anderer Stelle dauerhafte Merkmale und Eigenschaften heraus, die den Dingen ›an sich‹ innewohnen sollen. So läuft die Idee einer »Macht der Dinge« auf einen »naiven Realismus« hinaus, der es den Dingen erlaubt, einen »mehr-als-relationalen Charakter« zu haben (Hinchliffe 2011; siehe auch Cudworth und Hobden 2015). Bennett legt eine Konzeption von Dingen nahe, denen eine Vitalität eingeschrieben ist, die den von ihnen eingegangenen Verflechtungen und Verschränkungen immer schon vorausliegt. Diese tendenzielle Re-Essenzialisierung steht jedoch der von Bennett formulierten Programmatik einer relationalen Ontologie entgegen (vgl. Hoppe 2017).

Diese konzeptuelle Inkonsistenz ist Bennett zwar bewusst (vgl. etwa Bennett 2020: 54), wird von ihr aber nicht aufgelöst. Das Changieren zwischen einem konsequent relationalen und einem ›mehr-als-relationalen‹ Konzept von Handlungsfähigkeit zeigt etwa die von Bennett vorgeschlagene Definition eines Gefüges. Dieses setze sich aus »Bestandteil[en] und Proto-Bestandteil[en]« zusammen, die »eine bestimmte Lebenskraft« (ebd.: 59) besitzen, bevor sie eine Vereinigung eingehen. Mit anderen Worten: Es gibt eine Lebenskraft vor den Gefügen, die sich auf die versammelten individuellen Entitäten und deren Eigenschaften bezieht – unabhängig von den Beziehungen, die diese miteinander eingehen. Obwohl Bennett wiederholt feststellt, dass Handlungsfähigkeit keine Fähigkeit oder Kompetenz, sondern vielmehr das Ergebnis einer Verbindung ist, greift sie dennoch implizit auf eine andere Vorstellung zurück. Diese versteht Handlungsfähigkeit als eine Eigenschaft der Materie selbst: als »Fähigkeit von Dingen«, »als Quasi-Aktanten oder Kräfte mit eigenen Entwicklungsverläufen, Neigungen oder Tendenzen zu wirken« (ebd.: 8).

2.4 Von der Politik zur Ethik

Die skizzierten theoretischen Probleme haben Folgen für die politischen Ziele, die Bennett mit der Idee einer ›Vitalität der Dinge‹ verfolgt, denn ihre Analyse bleibt auf halbem Wege stecken. Zwar ist es unverzichtbar, sich mit der Zusammensetzung des Kollektivs zu befassen und dieses für mehr-als-menschliche Entitäten zu öffnen, doch reicht dieser Schritt nicht aus, um auch die relevanten politischen Fragen zu adressieren. Statt allein auf den generellen Wechsel von passiver und toter zu aktiver und lebendiger Materie zu fokussieren, ist es notwendig, konkret zu analysieren, *wie* lebendige Kräfte auf unterschiedliche Weise mobilisiert und für bestimmte Zwecke eingesetzt werden (vgl. Braun 2011: 392).

Um diesen Punkt zu verdeutlichen, ist es hilfreich, auf die beiden Beispiele zurückzukommen, die Bennett zur Veranschaulichung ihres Konzepts der ›Vitalität der Dinge‹ anführt. Ihre Analyse des Zusammenbruchs des Stromnetzes in den USA befasst sich mit der Vielzahl der verschiedenen Handlungsformen und -träger, die an diesem Ereignis beteiligt sind, und ihren komplexen Beziehungen zueinander. Im Ergebnis stimmt sie jedoch mit den Direktor_innen der FirstEnergy Corporation (eines der betroffenen stromproduzierenden Unternehmen) überein, wenn sie erklärt, dass niemand an dem Blackout schuld sei, da die verwickelten Verbindungen zwischen Menschen und Dingen jede Vorstellung einer »Verantwortung im emphatischen Sinn« obsolet machten (Bennett 2020: 79). Auch wenn die Ursachenklärung eine komplexe Aufgabe darstellen mag, bleibt die Schlussfolgerung unbefriedigend und wirft die Frage auf, worin der Vorzug dieses ›schwachen‹ Verständnisses von Verantwortung bestehen könnte. Es reicht nicht aus, zu dem Ergebnis zu kommen, dass »[Individuen] als schlichtweg unfähig erscheinen, die volle Verantwortung für die von ihnen gezeitigten Wirkungen zu schultern« (ebd.); vielmehr ist es wichtig, ein anderes Verständnis von Verantwortung zu entwickeln, das über die Frage der Zurechenbarkeit und liberale Vorstellungen von ›voller‹ oder ›teilweiser‹ Verantwortung hinausgeht.

Um dem Spiel der Schuldzuweisungen zu entkommen, möchte Bennett politische Prozesse nicht auf moralische Fragen reduzieren. Sie befürchtet, dass eine Politik der moralischen Verurteilung nicht in der Lage ist, »das Geflecht der agentiven Fähigkeiten kultiviert wahrzunehmen« (Bennett und Khan 2009: 93; vgl. auch Bennett 2020: 80 f.). Während es sicherlich richtig ist, die Ausgrenzung von Einzelpersonen und Gruppen infrage zu stellen, um Sündenböcke aus ihnen zu machen, führt Bennetts Alternativvorschlag in eine Sackgasse. Ein Kommentator hat daher zu Recht die Befürchtung geäußert, »dass Bennetts lobenswerte ethische Haltung zu einer Politikvermeidung wird« (Marso 2011: 426). Die angestrebte Überwindung einer moralisierten Politik resultiert in einer individualistischen und voluntaristischen Ethik (Washick et al. 2015; Washick und Wingrove 2015), die sich an persönlichen Entscheidungen und Wertpräferenzen orientiert:

> »Möglicherweise liegt die ethische Verantwortung des einzelnen Menschen heute in dessen Verhalten gegenüber den Gefügen, an denen er teilhat: Versuche ich mich aus Gefügen zurückzuziehen, deren Ausrichtung Schaden zu verursachen droht? Nähere ich mich Gefügen an, deren geballte Wirkmächtigkeit zur Verwirklichung hehrer Ziele tendiert?« (Bennett 2020: 80)

Damit stellt sich allerdings eine Frage, auf die Bennett keine plausible Antwort hat: Wie ist es möglich, mich aus ›schädlichen‹ Gefügen ›zurückzuziehen‹, da die Handlungsfähigkeit – so Bennett – gerade auf Gefügen beruht, die ausmachen, wer und was ›ich‹ bin.

Wenden wir uns nun dem zweiten Beispiel zu, in dem es um die positiven körperlichen Effekte von Omega-3-Fettsäuren ging. Eine Forschungsgruppe (Abrahamsson et al. 2015) hat sich ausführlich mit Bennetts Behauptung auseinandergesetzt, »dass Lipide die Macht haben, nicht nur das menschliche Fleisch zu vermehren, sondern auch menschliche Stimmungen, Sozialitätsformen und Geisteszustände hervorzurufen« (Bennett 2007: 137). Die Autor_innen zeigen, dass die von Bennett vor allem herangezogene empirische Studie (Gesch et al. 2002) keinen schlüssigen Beweis für die Eigenschaft von Omega-3 liefert, den menschlichen Körper positiv zu beeinflussen. Die Studie diagnostiziert lediglich eine Verbesserung, ohne den Anspruch zu erheben, die Kausalkette entschlüsselt zu haben, die zu dieser Entwicklung geführt hat. So könnten die beobachteten Stimmungs- und Verhaltensänderungen auf Omega-3, aber auch auf andere Fettsäuren oder auf Vitamine und Mineralien zurückzuführen sein, welche die Teilnehmenden der Studie erhielten. Ebenso könnten sie durch eine bestimmte Kombination einiger Substanzen bewirkt worden sein. Auf Grundlage einer sorgfältigen Lektüre der Studie zeigen Abrahamsson et al., dass es auf dieser Datenbasis nicht möglich ist, eine isolierte Wirkung von Omega-3 zu beweisen. Vielmehr legt die Studie nahe, dass »Omega-3 nicht Materie *an sich*, sondern Materie *im Kontext* ist. Sie ist an vielen Beziehungen beteiligt« (Abrahamsson et al. 2015: 5; Hervorh. im Orig.).

Darüber hinaus untersuchen die Autor_innen, woher die essbaren Omega-3-Fettsäuren stammen – eine Frage, die Bennett systematisch ausspart. Sie konzentrieren sich nicht nur auf die gesundheitsbezogene Frage, ob Omega-3 »die Stimmung und kognitive Verfassung von Menschen« verändert (Bennett 2020: 82), sondern zeigen auch, dass die Produktion dieser Fettsäure Teil einer globalen politischen Ökonomie der Nahrungsmittel ist. Damit verlagern sie die »Aufmerksamkeit weg von den menschlichen Stimmungen, die durch Omega-3 beeinflusst werden, und hin zu den Welten, aus denen Omega-3 bezogen wird« (Abrahamsson et al. 2015: 11). Unter Bezugnahme auf einen Artikel in einer epidemiologischen Zeitschrift (Brunner et al. 2009) weisen sie auf wichtige soziale und ökologische Auswirkungen der Materialität von Omega-3 hin, die Bennetts Analyse nicht berücksichtigt. Die meisten Omega-3-Fettsäuren, die gesundheitsbewusste Menschen im Globalen Norden kaufen, stammen von Fischen aus dem Globalen Süden, deren Fang zur Übernutzung der Ozeane und zur Nahrungsmittelknappheit in diesen Regionen beiträgt. So ist das Wohlergehen der Menschen in den reichen Ländern mit der Verschlechterung der Lebensbedingungen an den Meeresküsten der ärmeren Teile der Welt verknüpft – ein Gefüge, dessen politische Dimension Bennetts Fokus auf die Lebendigkeit der Materie nicht erfasst.

Die genauere Untersuchung der beiden von Bennett zur Veranschaulichung ihres ›verzauberten Materialismus‹ angeführten Beispiele zeigt, dass dieser an einer unterkomplexen, unzureichenden oder »halbgaren« (Gregson 2011) Konzeption der Politik leidet. Die allgemeine Forderung, die ›Macht der Dinge‹ anzuerkennen, führt zu einer politischen Theorie, die ohne eine substanzielle Analyse von Machtverhältnissen auszukommen glaubt. Bennetts Forderung, »das Politische poetischer zu machen« (Bennett und Watson 2013: 158), klammert die materiellen Voraussetzungen und Kontexte aus, die für einen politischen Wandel notwendig sind. Was fehlt, ist eine kritische Analyse der politischen und sozialen Bedingungen, die der Transformation zu einer nachhaltigen Wirtschaft und einer demokratischeren Politik entgegenstehen oder sie behindern.

Bennetts kritische Distanz zu einer traditionellen Konzeption von Politik als institutionellem Ensemble oder einer separaten Sphäre, die durch klare Grenzen und Normen gekennzeichnet ist, lässt offen, wie sich politische Prozesse und »ethische Beziehungen bedingen« (Bennett 2001: 132). Während die Notwendigkeit eines Übergangs zu einer nicht-anthropozentrischen Politik dringender denn je sein mag, ist Bennetts Konzept der vitalen Materie letztlich nicht in der Lage, die relevanten ontologischen und politischen Fragen zu adressieren. Es entfernt sich von einer Analyse und Kritik der Macht, um eine neue »ethische Sensibilität« (ebd.: 12; siehe Coole 2013: 462) in Aussicht zu stellen: »Eine solche neu entdeckte Aufmerksamkeit für die Materie und ihre Kräfte wird das Problem menschlicher Ausbeutung oder Unterdrückung nicht lösen. Sie kann aber zu einem deutlicheren Bewusstsein des Ausmaßes einladen, in dem alle Körper verwandt sind« (Bennett 2020: 44 f.). Bennetts Angriff auf das humanistische Konzept der Politik zeigt nicht nur die Beschränkungen des Anthropozentrismus auf, sondern untergräbt letztlich auch ihr eigenes politisches Anliegen. Anstatt ein »alternatives Modell der Politik« (Bennett 2011: 406) zu liefern, führt der vitale Materialismus zu einer individualistischen und voluntaristischen Alternative zur Politik.

3. Performativer Materialismus: Karen Barad und die Macht der Phänomene

Eine der wichtigsten und einflussreichsten Positionen innerhalb der Neuen Materialismen stellen die Arbeiten der Physikerin und feministischen Wissenschaftstheoretikerin Karen Barad dar. Barad verbindet auf originelle Weise Einsichten der Quantenmechanik mit Elementen poststrukturalistischer Theorie und Positionen der feministischen Wissenschaftsforschung. Das Ergebnis dieser theoretischen Synthese – der agentielle Realismus – soll eine umfassende kritische Überprüfung der Grundannahmen der westlichen Epistemologie und Ontologie ermöglichen (Barad 2013: 46). Das zunächst widersprüchlich anmutende Begriffspaar ›agentieller Realismus‹ verweist auf Barads Anliegen, einerseits der wirklichkeitskonstituierenden Bedeutung von Materialität Rechnung zu tragen und diese andererseits als dynamisch und variabel statt als stabiles und unveränderliches Fundament zu konzeptualisieren. Materie sei demnach »ein Agens und kein festes Wesen oder eine Eigenschaft von Dingen« (Barad 2012a: 15). Als solches ist sie an Erkenntnisprozessen und an jeweils unterschiedlichen Materialisierungen beteiligt.

Die grundlagentheoretischen Prämissen und den konzeptuellen Rahmen des agentiellen Realismus stellt Barad in der Monografie *Meeting the Universe Halfway: Quantum Physics and the Entanglement of Matter and Meaning* (2007)[7] sowie in weiteren

Artikeln und Interviews vor. Diese Variante des Materialismus unterscheidet sich ebenso deutlich von der Betonung der Abgeschlossenheit von Objekten in der OOO wie von der Faszination des vitalen Materialismus für die Lebendigkeit der Dinge. Im Gegensatz zur OOO fokussiert der agentielle Realismus nicht auf isolierte Objekte, sondern untersucht dynamische Konglomerate unterschiedlicher Art. Um der »außerordentlichen Lebendigkeit« (Barad 2013: 58) der Welt Rechnung zu tragen, folgt Barad jedoch nicht der vitalistischen Idee einer ursprünglichen ›Kraft der Dinge‹, sondern postuliert eine konsequent relationale Ontologie, die eine solche Kraft als mögliches Ergebnis von Beziehungen fasst.

Um den agentiellen Realismus im Folgenden genauer zu diskutieren, stellen wir zunächst dessen erkenntnistheoretische Voraussetzungen dar, die Barad besonders aus den Arbeiten von Niels Bohr und dessen Verständnis der Quantenmechanik gewinnt. In diesem Zusammenhang gehen wir auch auf methodische Fragen ein und erläutern, wie Barad das von Donna Haraway geprägte Konzept der Diffraktion aufgreift und weiterentwickelt (3.1). Wir zeigen, dass Barad die quantentheoretischen Konzepte, die Bohr vor allem auf epistemologische Fragen bezogen hat, mit ontologischen Überlegungen zusammenführt. Die so gewonnene »*Onto-epistemo-logie*« (Barad 2012a: 100; Hervorh. im Orig.) sucht sie für ein verändertes Verständnis von Performativität und machtvolle Verkörperungen fruchtbar zu machen. Wichtige Wegmarken dieses Projekts sind die Auseinandersetzung mit Judith Butlers Konzept der Geschlechterperformativität, Michel Foucaults Machtanalytik sowie Emmanuel Levinas' Verantwortungsethik (3.2). Der dritte Teil diskutiert Barads Anspruch, mit dem agentiellen Realismus eine neue Theorie der Macht vorzulegen (3.3). Abschließend untersuchen wir zwei zentrale Problemkomplexe, die das analytische und kritische Potenzial des agentiellen Realismus bislang beschränken: der theoriefundierende Status der Bohr'schen Quantenphysik einerseits und das zugleich überzogene wie unterkomplexe Ethikverständnis andererseits, welches die Möglichkeit der Ausarbeitung eines tragfähigen Politikbegriffs zu verstellen droht (3.4).

3.1 Von der Reflexion zur Diffraktion

Ausgangspunkt des agentiellen Realismus ist eine Neuinterpretation der Bohr'schen »Philosophie-Physik« (Barad 2007: 121), in der Barad epistemologische Problemstellungen mit ontologischen Fragen verknüpft. Grundlegend für diese Deutung ist die quantenphysikalische Einsicht, dass Position und Impuls eines Teilchens nicht gleichzeitig bestimmbar sind. Daraus folgt, dass Messungen nicht als neutrale Interaktionen in (und mit) der Welt begriffen werden können. Vielmehr ist das Forschungsobjekt radikal abhängig von Apparaten und Messinstrumenten. Das von Bohr geprägte Komplementaritätsprinzip betont die wechselseitige Exklusivität von experimentellen Arrangements, da unterschiedliche Settings *entweder* Position *oder* Impuls bestimmen. Von einer solchen Exklusivität auszugehen hat weitreichende Folgen. In diesem Verständnis haben Teilchen keine bestimmten Eigenschaften ›hinter‹ oder ›vor‹ dem Beobachtungsapparat, der ihre Darstellung und Messung ermöglicht. Bohr zufolge legen experimentelle Konfigurationen vielmehr fest, was zu einem konkreten Zeitpunkt unter bestimmten Umständen *sein* kann – und damit andere ontologische Möglichkeiten ausschließt (vgl. Barad 2007: 294–302; 2011: 444).[8]

Bohrs »proto-performative« (Barad 2007: 31) Problembeschreibung bildet die Grundlage für Barads kritische Auseinandersetzung mit dem »Repräsentationalismus« (ebd.: 46). Darunter versteht sie die Idee, dass »Wesen als Individuen mit inhärenten Eigenschaften existieren, die ihrer Repräsentation vorausgehen« (ebd.; vgl. auch 2003: 804). Nach Barad ist das Narrativ des Repräsentationalismus fest in der (westlichen) Philosophie und im modernen Denken verwurzelt und kommt in verschiedenen Erscheinungsformen vor, etwa als Gegensatz zwischen Worten und Dingen oder Natur und Kultur. Es fördert den Glauben »an die Macht der Worte, bereits existierende Phänomene widerzuspiegeln« (Barad 2007: 133), und positioniert den Beobachter außerhalb der Welt. Als theoretische Alternative schlägt Barad ein »performatives Verständnis von technowissenschaftlichen und anderen natürlichkulturellen Praktiken, einschließlich verschiedener Arten von Praktiken der Wissensbildung« vor (ebd.: 90).[9] Der agentielle Realismus soll sowohl über den Sozialkonstruktivismus als auch über den traditionellen Realismus hinausgehen, um zu zeigen, dass »Praktiken des Wissens und des Seins nicht isolierbar sind; sie sind gegenseitig impliziert. Wir erlangen Wissen nicht dadurch, dass wir außerhalb der Welt stehen; wir wissen, weil wir *von* der Welt sind.« (Ebd.: 185, Hervorh. im Orig.)

Barads Kritik am Repräsentationalismus ist eng verknüpft mit der Methode der »diffraktiven Lektüre« (Barad 2012c: 218; 2012a: 13; 2014; van der Tuin 2014). Der Begriff der Diffraktion spielt in der Physik eine wichtige Rolle, aber er taucht auch in Haraways wissenschaftstheoretischen Arbeiten der 1990er Jahre auf (vgl. Haraway 1992: 300; 1997: 16, 273 f.). Diffraktionen – oder Interferenzen – entstehen, wenn Wellen (Licht, Wasser, Schall) auf ein Hindernis treffen (vgl. Barad 2013: 32–50). Bei der Überlappung von Wellen lassen sich spezifische Muster beobachten, die ihre Dynamik erklären. Das physikalische Phänomen der Diffraktion versucht Barad als methodisches Prinzip fruchtbar zu machen. Dieses sei »ein produktives Modell [...], das dazu dienen kann, über nicht-repräsentationalistische methodologische Ansätze nachzudenken« (ebd.: 54). Sie verweist in diesem Zusammenhang auf die zentrale Rolle optischer Metaphern bei der Behandlung erkenntnistheoretischer Fragen und die enge Verbindung zwischen Wissen und Sehen in der westlichen Tradition (siehe Rorty 1987). Die Metapher der Reflexivität ist fest im Repräsentationalismus verwurzelt. Sie begründet die Vorstellung eines Spiegelbildes zwischen der Darstellung und dem Dargestellten, stellt einen kritischen Maßstab für die Objektivität wissenschaftlicher Erkenntnisse bereit und operiert mit der Idee eines souveränen und mit sich selbst identischen Subjekts der Wissensproduktion (vgl. Barad 2013: 50–53). Im Gegensatz dazu setzt die diffraktive Methode keine strikte Unterscheidung zwischen dem Subjekt des Wissens und dem Objekt der wissenschaftlichen Untersuchung voraus, sondern analysiert, wie beide und die Grenzen zwischen ihnen als Teil des untersuchten Prozesses hervorgebracht werden (ebd.: 61 f.; 2007: 418, Fn17).

Die diffraktive Methode zeichnet sich durch zwei zentrale Aspekte aus. Erstens führt die Konzentration auf »Fragen der Streuung« (Barad 2012a: 12) dazu, dass es keine Notwendigkeit gibt, nach Formen der Vermittlung zwischen Subjekt und Objekt, Wissen und Welt, Materiellem und Diskursivem zu suchen. Sie fokussiert auf Verstrickungen und Differenzmuster und ersetzt Fragen der Mediation durch einen radikalen Relationismus, in dessen Zentrum der Begriff der ›Intraaktion‹ steht. Im Kontrast zu einem Verständnis von ›Interaktion‹ als Verhältnis zwischen isolierbaren und einander gegenüberstehenden Entitäten betont der von Barad geprägte Neologismus, dass die Relata einer Beziehung, beispielsweise ›Subjekt‹ und ›Objekt‹, erst in und durch Relationen in Kraft gesetzt werden und diesen nicht vorausgehen (vgl. ebd.: 19; 2007: 33, 140, 178; 2003: 815).

Zweitens ist die Methode der Diffraktion für Barad auch »eine ethico-onto-epistemologische Angelegenheit« (Barad 2007: 381).

Sie ist nicht nur ein Werkzeug, um mit dem Repräsentationalismus in seinen verschiedenen erkenntnistheoretischen Erscheinungsformen zu brechen, sondern informiert auch ihre Praxis »diffraktiven Lesens« (Barad 2012b: 13). Anstatt verschiedene theoretische Perspektiven und Positionen als fixiert, homogen und abgeschlossen zu begreifen, um sie einander gegenüberzustellen, interessiert sich Barad für »Differenzmuster« (Barad 2013: 28). Dieser Fokus auf Verschränkungen und Bruchlinien begreift Theorien als prinzipiell offen, heterogen und »in respektvoller Auseinandersetzung mit verschiedenen disziplinären Praktiken« (ebd.: 61).

3.2 Von Dingen zu Phänomenen

Die Prinzipien diffraktiven Lesens bestimmen auch Barads kritische Weiterentwicklung von Judith Butlers Begriff der Performativität und Michel Foucaults Verständnis diskursiver Praktiken. Barad schließt zunächst an den Foucault'schen Diskursbegriff an und stellt die Bedeutung seiner Machtanalytik für ihre eigene Arbeit heraus (vgl. Barad 2012a: 32 f.; 2003: 819). Allerdings bleibe das konkrete Verhältnis von diskursiven Praktiken und materiellen Phänomenen bei Foucault unklar und er beschränke die Produktivität der Macht »auf den begrenzten Bereich des ›Sozialen‹« (Barad 2003: 810). Barad kritisiert, dass Foucault Materie letztlich als passiv begreife – als eine Art Rohstoff für soziale Prozesse. Er setze implizit voraus, dass die Grenzen zwischen Natur und Kultur dauerhaft und stabil seien, so dass die komplexen Beziehungen, die diesen Dualismus überhaupt erst hervorbringen, nicht in den Blick kommen (vgl. ebd.: 819).

Eine ähnliche Kritik formuliert Barad auch in Bezug auf die Arbeiten von Butler, an deren Performativitätskonzept sie direkt anknüpft. Dieses ermögliche es, die repräsentationalistische Weltsicht zu überwinden, indem es auf die produktive und prozesshafte Dimension von Materialisierungen verweist (vgl. Barad 2007: 61 f.). Allerdings fokussiere Butler auf menschliche Körper, spreche Materie wie Foucault Wirkmächtigkeit ab und fasse die Hervorbringung von Körpern als Effekt diskursiver Praktiken (vgl. ebd.: 209). Anders als Butler konzipiert Barad Performativität nicht allein als iterative Zitation (Butler 1997: 39), sondern als intraaktives Geschehen, welches der materiellen Dimension von Iterationsprozessen Rechnung tragen soll (vgl. Barad 2003; 2012a: 98). Der analytische Vorzug einer solchen intraaktiven Wendung des Performativitätskonzepts liegt Barad zufolge darin, dass Transformationsprozesse nicht allein von Irritationen in der Zitation von Normen abhängen und Handlungsmacht somit über Resignifikationspraktiken hinausgeht (vgl. auch Kerin 1999; Kirby 2006: 70). Handlungs- bzw. Wirkmächtigkeit (*agency*) versteht sie daher nicht als attributive Eigenschaft von Subjekten oder Objekten, sondern als »das In-Kraft-Setzen [im Orig. *enactment*] von iterativen Veränderungen bestimmter Praktiken durch die Dynamik der Intraaktivität« (Barad 2003: 807).

Die theoretische Akzentuierung einer solch »posthumanistischen Performativität« (Barad 2003) stellt die ontologischen Dualismen zwischen Natur und Kultur, Subjekt und Objekt, Materiellem und Diskursivem grundlegend infrage. Sie lädt dazu ein, die Vorstellung individueller und unabhängiger Dinge aufzugeben, um die Welt als von ›Phänomenen‹ bevölkert zu begreifen. Barad greift hier Bohrs Verständnis des Begriffs auf, der nichts mit der klassischen philosophischen Unterscheidung zwischen Phänomenen und Noumena zu tun hat, sondern die Frage der Referenzialität und des Begriffs des Realen neu stellt: »Die Wirklichkeit setzt sich nicht aus Dingen-an-sich oder aus Dingen-hinter-Phänomenen zusammen, sondern aus Dingen-in-Phänomenen.« (Barad 2007: 140) In dieser Perspektive sind Phänomene keine unterscheidbaren Objekte mit inhärenten Grenzen und isolierbaren Eigenschaften, sondern »ontologisch primitive Relationen [...] – Relationen ohne vorher existierende Relata« (Barad 2012a: 19). Für Barad existieren Relata nur »als Ergebnis spezifischer Intraaktionen (d.h. es gibt keine unabhängigen Relata, sondern nur Relata-in-Relationen). Der Begriff ›Intraaktion‹ bedeutet die *wechselseitige Konstitution von Relata innerhalb von Phänomenen*« (ebd.: 105; Hervorh. im Orig.).

Die ontologische Verschiebung von ›Dingen‹ zu ›Phänomenen‹ wird durch ein innovatives Verständnis des Apparats ermöglicht. Barad verknüpft dabei Bohrs Begriff des Experimentalapparats mit Foucaults Analyse diskursiver Praktiken. Sie argumentiert, dass Bohrs Konzept des Apparats auf einen Laboraufbau beschränkt und unfähig sei, die ganze Bandbreite der materiell-diskursiven Praktiken zu erfassen, die darin wirksam sind. Während Bohr auf ein menschliches Beobachtungssubjekt rekurrieren müsse, liefere der agentielle Realismus ein »posthumanistisches Verständnis der Rolle des Apparats und des Menschen und der Beziehung zwischen ihnen« (Barad 2007: 145). Barad schlägt daher vor, ein stabiles und statisches durch ein performatives und dynamisches Verständnis des Apparats zu ersetzen, wobei das, was innen und was außen sei, ontologisch unbestimmt bleibe und nur durch die praktische Funktionsweise des Apparats – an der Menschen beteiligt sein können – selbst verstanden werden kann (vgl. ebd.: 170). Der agentielle Realismus ist gekennzeichnet durch die systematische Weigerung, eine vorab festgelegte Idee von Exteriorität und Getrenntheit zu akzeptieren. In Barads Lesart sind Apparate weder technische Instrumente noch wissenschaftliche Geräte, kulturelle Strukturen oder soziale Systeme, sondern »Praktiken mit offenem Ende« (ebd.).

Das agentiell-realistische Verständnis des Apparats irritiert auch herkömmliche Auffassungen von Kausalität. Barad beansprucht, über das »übliche dualistische Denken über Kausalität« hinauszugehen, das freien Willen und strikten Determinismus einander gegenüberstellt, um »eine dritte Möglichkeit« zu skizzieren (ebd.: 198). Sie begreift Apparate als welterzeugende Praktiken, die bestimmen, was als ›Ursache‹ oder ›Wirkung‹ gilt. Es handelt sich dabei nicht um präexistierende, feste und invariante Strukturen oder Anordnungen, sondern um dynamische materiell-diskursive Praktiken, die »fortwährend offen sind für Neuordnungen, Reartikulationen und andere Umarbeitungen« (ebd.: 170). Dabei kommt »agentiellen Schnitten« (ebd.: 148) eine Schlüsselrolle zu. Sie ziehen Demarkationslinien und erzeugen in prinzipiell ontisch unbestimmten »Phänomenen« für einen Moment Bestimmtheit. Beispielsweise werden ›Subjekt‹ und ›Objekt‹ in Abhängigkeit zu spezifischen materiellen Anordnungen lokal und temporär hervorgebracht (vgl. ebd.: 333 f.; 2012a: 26). Damit ist weder gemeint, dass alles möglich ist, noch dass die Grenzlinien willkürlich sind. Ganz im Gegenteil: »*[A]pparate sind die materiellen Bedingungen der Möglichkeit und Unmöglichkeit des Materiellen*; sie setzen in Kraft [im Orig. *enact*], worauf es ankommt und was vom Materiellen ausgeschlossen ist.« (Barad 2007: 148; Hervorh. im Orig.)

Da Menschen Barad zufolge Teil spezifischer Materialisierungsprozesse sind, welche durch ihre schiere Existenz andere Materialisierungen ausschließen (aber auch neue Möglichkeiten für zukünftige Rekonfigurationen des Materiellen schaffen), sind ontologische und epistemologische Fragen untrennbar mit ethischen Problematisierungen verbunden. Barad weist darauf hin, dass ›wir‹ nicht außerhalb der Welt stehen, um diese zu erkennen, sondern betont die Verwobenheit mit dieser als Bedingung der Möglichkeit objektiver Erkenntnis (Barad 2013: 58). Objektivität lässt sich unter diesen Voraussetzungen nicht durch abstrakte und neutrale Kriterien gewährleisten, vielmehr sei eine neue »Ethik des Wissens« (Barad 2012a: 88) erforderlich, die Objektivität an die konkrete Verantwortung der beteiligten Agentien binde (vgl. Barad 2007: 390 f.; 2012a: 88; Rouse 2004: 154).

Ihre Konzeption von Verantwortung entwickelt Barad im Anschluss an Levinas' Ethik des Anderen (vgl. Barad 2007: 391–396). Diese geht davon aus, dass das Verhältnis des Subjekts zur Welt keine einseitige Beziehung des Intendierens ist, sondern eine wechselseitig konstitutive Relation. Ein ethischer Weltbezug ist für Levinas durch die Begegnung mit dem ›Antlitz des Anderen‹ gekennzeichnet (vgl. Levinas 1987). Ein solches Zusammentreffen stellt keine bewusste Handlung eines einzelnen Subjekts dar, sondern der Andere ist ein dem Bewusstsein vorgängiger Sinn, der dazu aufruft zu antworten. Die ethische Begegnung mit dem Anderen ist unverfügbar und erschüttert das Subjekt ebenso, wie es dieses zugleich durch diese Beziehung konstituiert (vgl. Critchley 2008: 69–76).

Barad argumentiert nun, dass sich die Levinas'sche These der Unhintergehbarkeit der Antwort auf den Anderen keineswegs auf menschliche Subjekte beschränken muss. Sie verweist darauf, dass diese anthropozentrische Begrenzung »das volle Spektrum der Möglichkeiten von Alterität« (Barad 2007: 392) ignoriere. Verantwortungsbeziehungen gehen in dieser Perspektive über Begegnungen zwischen Menschen hinaus, da dasjenige, was als menschlich bzw. nicht-menschlich gilt, selbst einem dauernden Prozess der Neubewertung unterliege. In einer posthumanistischen Reformulierung der Levinas'schen These, dass sich der Andere immer schon in ›uns‹ befinde, argumentiert sie, dass Materialität unablässig in Kontakt zum Anderen steht (vgl. Barad 2012c: 214 f.). Dieses Andere begreift Barad wiederum sehr umfassend, denn sie geht davon aus, dass »Materie selbst immer schon offen für das ›Andere‹, oder besser gesagt, mit dem ›Anderen‹ verstrickt [ist]« (Barad 2007: 393).

Damit verändern sich der Gegenstand und die Bedeutung der Ethik. Barad konzipiert einen Begriff der Verantwortung, der über die Bereitstellung verschiedener Antworten auf sich verändernde Konfigurationen und Konstellationen hinausweist. Worum es bei dieser »Ethik der Verschränkung« (Barad 2015a: 162; Åsberg 2013) geht, ist nicht etwas Zusätzliches oder Nachträgliches, das auf die Feststellung der Fakten, ihre Bewertung und Reflexion folgt. Im agentiellen Realismus gibt es keine trennscharfe Linie, die säuberlich zwischen Fakten und Werten unterscheidet; vielmehr sind Fakten bereits wertbeladen, sie verkörpern normative Präferenzen, die materielle Konfigurationen hervorbringen und dabei andere ausschließen (vgl. Barad 2012a: 15).

Die Barad'sche Analytik der Apparate steht aufgrund dieser Verknüpfung von Ontologie, Epistemologie und Ethik in Kontinuität zu feministischen Theorien »situierten Wissens« (Haraway 1995b) und erweitert deren Analysespektrum entscheidend. Sie ermöglicht es, die Beziehungen zwischen Menschen und Nicht-Menschen umfassender zu begreifen und die Kategorien von Handlungsfähigkeit und Kausalität neu zu konzeptualisieren. Die Stärke dieses Forschungsprogramms liegt in der Ausarbeitung einer posthumanistischen Perspektive, die historisch informiert und empirisch orientiert die verschiedenen Formen in den Blick nimmt, in denen die Grenzen zwischen der menschlichen und der nicht-menschlichen Welt konstituiert und stabilisiert werden. Dieses konzeptuelle Instrumentarium ermöglicht es, die ontologische Trennung zwischen dem Natürlichen und dem Sozialen, den Menschen und den Dingen empirisch zu untersuchen – als spezifische Effekte agentieller Schnitte.

3.3 Ein neomaterialistisches Verständnis von Macht

Der agentielle Realismus schlägt ein »neue[s] materialistische[s] Verständnis von Macht« (Barad 2007: 35) vor, in dessen Mittelpunkt der Begriff des Apparats steht. Das Konzept des Apparats als materiell-diskursive Praxis (anstelle einer sozialen Struktur oder eines technischen Geräts) ermöglicht eine umfassendere Analyse der Macht, die vorgefertigte ontologische Dualismen und Trennungen (z.B. ›das Soziale‹ vs. ›das Technische‹) unterläuft bzw. diese als Produkte von Materialisierungsprozessen analysiert (ebd.: 237 f.). Statt die Zeit als linear, den Raum als Behälter und die Materie als solide zu begreifen, geht Barad davon aus, dass Zeitlichkeit, Räumlichkeit und Materie selbst durch Intraaktionen hervorgebracht werden (vgl. ebd.: 179) – eine Dynamik der gegenseitigen (Re-)Konstitution und wechselseitigen Durchdringung, die sie durch den Begriff »Raumzeit-Materie« (Barad 2012a: 24) markiert. Darüber hinaus ermöglicht der Begriff des Apparats die Untersuchung der Materialität epistemologischer Praktiken, ohne (Erkenntnis-)Subjekte oder (Untersuchungs-)Objekte voraussetzen zu müssen, da Subjekt- und Objektpositionen erst in Intraaktionen erzeugt werden. Schließlich bezieht das Konzept des Apparats ethische Überlegungen systematisch mit ein. Diese sind nicht etwas, das auf Machtprozesse folgt oder jenseits von ihnen liegt. Im Gegenteil sind ethische Problematisierungen ein wesentlicher Bestandteil der Funktionsweise materiell-diskursiver Apparate.

Das Zusammenspiel der drei Dimensionen von Barads »*Ethico-onto-epistemo-logie*« (ebd.: 100; Hervorh. im Orig.) illustriert das von ihr diskutierte Beispiel des Ultraschalls im Rahmen der Pränataldiagnostik. Dabei wird deutlich, wie eng (normative) Fragen der Verantwortung mit technologischen und politischen Fragen verknüpft sind. In Barads Darstellung ist der Fötus weder ein Subjekt mit inhärenten Eigenschaften, noch ist er ein stabiles Objekt. Die Sonogrammbilder »beziehen sich auf ein *Phänomen*, das sich in der Intraaktion des ›Objekts‹ (allgemein als ›Fötus‹ bezeichnet) und der ›Beobachtungsorgane‹ konstituiert« (Barad 2007: 202; Hervorh. im Orig.). Es gibt also kein bereits existierendes Objekt, das mithilfe des piezoelektrischen Wandlers sichtbar gemacht werden kann. Der fragliche Apparat ist kein einfaches Beobachtungsinstrument oder ein technologisches Gerät; er verkörpert vielmehr eine komplexe Vielfalt von materiell-diskursiven Praktiken, die medizinische Erfordernisse ebenso umfassen wie rechtliche und wirtschaftliche Zwänge, politische Dimensionen und soziale Aspekte (vgl. ebd.: 203 f.). Es ist das Zusammenspiel dieser unterschiedlichen Praktiken, das letztlich die Visualisierung von etwas, das ›der Fötus‹ genannt wird, erlaubt. Dessen (ontologische) Hervorbringung durch einen materiell-diskursiven Apparat ermöglicht es zum einen, die schwangere Person (die meist als ›die Mutter‹ angerufen wird) für dessen Wohlergehen und Gesundheit verantwortlich zu machen. Zum anderen blendet die Konfiguration des Fötus einen alternativen Katalog von Verantwortlichkeiten und Machtverhältnissen aus, die das Feld maßgeblich strukturieren, aber jenseits der Einwirkungsmöglichkeiten der schwangeren Person liegen: »Folgen der unzulänglichen Gesundheits- und Ernährungsapparate in ihren unterschiedlichen Auswirkungen auf bestimmte schwangere Frauen; Rechenschaftspflicht für die Folgen des globalen Neokolonialismus, einschließlich der ungleichen Verteilung von Reichtum und Armut; und viele andere Faktoren« (ebd.: 218).

Nete Schwennesen und Lene Koch haben in dem Artikel *Visualizing and Calculating Life: Matters of Fact in the Context of Prenatal Risk Assessment* (2009) Barads Überlegungen in ein empirisches Forschungsdesign übersetzt. Die Autorinnen analysieren auf Grundlage ethnografischer Beobachtungen und Interviews pränataldiagnostische Untersuchungen, die Aufschluss über das Down-Syndrom-Risiko geben sollen. Dabei knüpfen sie in zweierlei Hinsicht an den agentiellen Realismus an. Erstens greifen sie auf den Intraaktionsbegriff zurück, der Materie als fundamental für Wissensproduktion betrachtet, ohne dass diese den Praktiken als stabile Entität vorausliegen würde. Der Fötus in seinen multiplen Materialitäten werde vielmehr *in* den Praktiken der Wissensproduktion auf unterschiedliche Weise – das heißt gerade nicht als eine einzige substanzielle Entität – hervorgebracht (vgl. ebd.: 72). Im Kontext der Ultraschalluntersuchung wird der Fötus hierbei als ›korrekte Repräsentation‹ und damit als konkretes (materielles) Phänomen durch das Zusammenwirken unterschiedlicher Agentien (Eltern, Ärzt_innen, Ultraschallgerät, Ultraschallbild, Körper, etc.) in Kraft gesetzt (vgl. ebd.: 77). In den Risiko-Kalkulationen, die die Paare im Anschluss an die Testverfahren erhalten, wird jedoch etwas ganz anderes hervorgebracht. Hier wird der Fötus auf einen Grenzwert bezogen und als ›risikobehafteter‹ oder ›risikofreier‹ Fötus konstituiert – der wirksame Apparat sei nunmehr weniger das Bild als die Risikozahl (vgl. ebd.: 81). Der Rekurs auf den Intraaktionsbegriff erlaubt es den Autorinnen, den Fötus als ontologisch und epistemologisch multipel zu beschreiben – es handelt sich um ein prozesshaftes Phänomen, nicht um eine statische Entität. Wie die Grenzen zwischen ›Ding‹ oder ›Kind‹, ›gesund‹ oder ›krank‹ gezogen werden, ist demnach abhängig vom Apparat – der Fötus liegt diesem nicht voraus; er wird in vielfältiger Weise in unterschiedlichen machtvollen Relationen in Kraft gesetzt.

Zweitens illustrieren Schwennesen und Koch in der Analyse ihres Fallbeispiels die ethischen Implikationen des agentiellen Realismus. Sie zeigen, dass die Phänomene, die in Abhängigkeit von unterschiedlichen Apparaten Bestimmtheit erlangen, weniger ein objektives und neutrales Wissen ermöglichen, auf dessen

Grundlage autonome und rationale Entscheidungen zu fällen sind, sondern dass – ganz im Sinne Barads – immer schon eine Verflechtung von Ontologie, Epistemologie und Ethik vorliegt. Dies erlaube eine veränderte Haltung gegenüber der Wissensproduktion, da sich der Fokus »von ethischen Prinzipien zu ethischen Praktiken« (ebd.: 84) verschiebt. Die Autorinnen betonen, dass in dieser Perspektive die ethischen Fragen immer schon in der Wissensproduktion enthalten und von komplexen Intraaktionen abhängig sind, die so umfassend wie möglich analysiert werden sollten (vgl. ebd.: 73, 83 f.).

Die Studie zeigt die analytischen Vorzüge einer agentiell-realistischen Perspektive auf und macht deutlich, wie Barads abstraktes theoretisches Vokabular und ihre relationale Ontologie in sozialwissenschaftlichen Forschungsarbeiten produktiv gemacht werden können. Bemerkenswert ist, dass sich die meisten der bislang vorliegenden Versuche der ›Übersetzung‹ des agentiellen Realismus in empirische Forschungsdesigns auf die Analyse technowissenschaftlicher Praktiken konzentrieren (vgl. etwa Aradau 2010; Fitsch 2014). Ein Grund dafür dürfte in dem Umstand liegen, dass Barad selbst in ihren Publikationen und insbesondere durch die Wahl ihrer Beispiele auf diesen Bereich fokussiert (siehe z.B. Barad 2007: 189–222). Auch Barads Terminologie – etwa der zentrale Stellenwert des Begriffs des Apparats – legt nahe, dass die analytische Reichweite des agentiellen Realismus sich auf wissenschaftlich-technologische Settings beschränkt. Die Tatsache, dass sich der agentielle Realismus offenbar für die Analyse experimenteller Konstellationen besonders gut eignet, deutet jedoch nicht auf eine systematische Beschränkung dieser Forschungsperspektive hin (Meißner 2013). Wie eine Reihe von empirischen Studien zeigen, ist das Analysepotenzial des agentiellen Realismus nicht zwangsläufig auf experimentelle oder technisch-apparative Settings beschränkt (vgl. etwa Højgaard und Søndergaard 2011; Barla 2019).

3.4 Der Verdacht des Szientismus und die Grenzen der Verantwortung

Barads Arbeiten bieten wertvolle Einsichten und wichtige Erkenntnisse nicht nur für die Wissenschafts- und Technikforschung, sondern auch für die Gesellschaftstheorie, die Geschlechterforschung und die Analyse von Macht- und Herrschaftsprozessen. Allerdings weist der agentielle Realismus in der vorliegenden Form auch entscheidende konzeptuelle Ambivalenzen und theoretische Schwächen auf, die seine analytischen und kritischen Möglichkeiten beschränken oder gar konterkarieren. Wir fokussieren im Folgenden auf zwei wichtige Probleme: die theoriebegründende, quasi-fundamentalistische Rolle der Quantenphysik im agentiellen Realismus auf der einen und dessen einseitige Fokussierung auf ethische Probleme (zu Lasten politischer Fragen) auf der anderen Seite.

Der erste Problemkomplex betrifft die herausgehobene Bedeutung der Bohr'schen Quantenphysik. In kritischen Auseinandersetzungen mit den Arbeiten Barads wurde angemerkt, dass der exklusive Fokus auf Bohrs Untersuchungen dazu führe, andere wichtige Beiträge zur Quantenmechanik zu marginalisieren oder auszuschließen (vgl. Schweber 2008: 881). Die entscheidende Frage ist dabei weniger, ob Barads Darstellung der historischen Entstehung der Quantenphysik gerecht wird, sondern vielmehr, welche Rolle sie in der Theoriearchitektur des agentiellen Realismus spielt. Der Soziologe und Physiker Trevor Pinch hat kritisiert, dass Barad sich einer »Form des Szientismus« (Pinch 2011: 440; siehe auch Lettow 2017: 110) bedient, der wichtige Einsichten der interdisziplinären Wissenschafts- und Technikforschung ignoriere. Er zeigt sich überrascht, dass Barads Beschreibungen der quantenphysikalischen Experimente weniger auf Dekonstruktion oder Kontextualisierung abzielen, sondern als zentrale argumentative Bausteine und theoretisches Fundament für den agentiellen Realismus fungieren. Daraus resultieren Pinch zufolge zwei Probleme. Erstens besäßen die Experimente für Barad einen gleichsam autoritativen Status, ohne dass diese in ihren Entstehungs- und Geltungsbedingungen rekonstruiert oder in ihrem jeweiligen sozialen und historischen Kontext situiert würden (Pinch 2011: 434). Zweitens habe diese Interpretation der experimentellen Settings und Ergebnisse einen unvermittelten Import der quantenphysikalischen Einsichten in die Sozialtheorie zur Folge. Da Barad keine alternativen quantentheoretischen Deutungen miteinbeziehe und es versäume, diese gegeneinander abzuwägen, bleibe darüber hinaus die Beschränkung auf Bohrs Interpretation der Quantenmechanik weitgehend unreflektiert. Bohr wirke in Barads Darstellung weniger wie »ein Typ aus Kopenhagen, sondern wie jemand, der näher dran war, ein Gott zu sein« (ebd.: 434). Vor dem Hintergrund dieser Verkürzungen und Vereinseitigungen, so Pinch weiter, sei es wenig plausibel, die Ergebnisse physikalischer Experimente als Fundierung einer neuen Ontologie für die Wissenschaftstheorie anzuerkennen (ebd.: 434).

Auch wenn Pinchs Kritik nicht frei von polemischen Untertönen ist, hat er dennoch recht, wenn er Inkonsistenzen oder zumindest ungelöste Spannungen in Barads Versuch erkennt, eine »relationale Ontologie« (Barad 2013: 61) auf der Grundlage eines immer schon vorausgesetzten und als feststehend imaginierten epistemologischen Rahmens zu konzipieren. Es ist in der Tat beunruhigend, dass die Bohr'sche Quantenmechanik im agentiellen Realismus eine Art Universalschlüssel für eine Vielzahl sehr unterschiedlicher theoretischer Probleme darzustellen scheint. In Barads Lesart ist sie »die korrekte Theorie der Natur [...], die für alle Größenordnungen gilt« (ebd.: 49) – eine Behauptung, die in dieser Allgemeinheit nur schwer aufrechtzuerhalten ist. Obwohl die Quantenmechanik sicherlich wichtige Erklärungen für eine enorme Bandbreite physikalischer Prozesse bietet, lässt sich darüber streiten, ob sie in der Lage ist, alle Phänomene vom Mikroskopischen bis zum Makroskopischen zu erklären (vgl. Schweber 2008: 881). Ebenso mag man sich fragen, ob es sinnvoll ist, die Analyse von Elementarteilchen bruchlos auf Lebewesen und Kulturen zu übertragen (vgl. Hayles 2017: 69). Dieser Hang zum allgemeinen und unbeschränkten Theoretisieren steht sogar im Widerspruch zu den Prinzipien des agentiellen Realismus. Barad weist nicht nur immer wieder selbst auf die Grenzziehungen und Ausschlüsse hin, die Materialisierungsprozesse hervorbringen, sondern gibt auch zu bedenken, dass Skalen keine unabhängigen Parameter sind, sondern in agentiellen Schnitten produziert werden. Ein ›diffraktives‹ Verständnis der Bedeutung der Quantenphysik würde zweifellos dazu beitragen, die Produktivität dieser Analyseperspektive zu stärken – gerade indem ihre Grenzen aufgezeigt werden.

Der zweite Problemkomplex betrifft die (zu) umfassende Konzeption der Ethik im agentiellen Realismus. Wie wir gezeigt haben, stellt Barad die Notwendigkeit heraus, Verantwortung für die existierenden materiellen Intraaktionen zu übernehmen – und die spezifischen Grenzen, die sie markieren, ständig zu überprüfen und zu revidieren (vgl. Barad 2007: 205). Grundlage dieser Verantwortung ist die Anerkennung der eigenen Verwobenheit mit dem »Werden der Welt« (Barad 2012a: 101). In dieser Perspektive ist der Raum des Ethischen unabschließbar, da ›wir‹ (dessen Inhalt und Grenzen offen und radikal unbestimmt sind) unendlich verantwortlich sind. Eine verantwortliche Haltung einzunehmen bedeutet für Barad, sich als Teil dieses dynamischen Prozesses zu begreifen, um auf unterschiedliche ›ontologische Möglichkeiten‹ zu antworten. Demnach gehört

»Ethizität [...] zum Gewebe der Welt; der Aufruf zu antworten und verantwortlich zu sein, ist ein Teil des Seienden. [...] Fragen der Verantwortlichkeit und Zurechenbarkeit stellen sich mit jeder Möglichkeit; jeder Augenblick strotzt vor verschiedenen Möglichkeiten des Werdens der Welt und verschiedenen Rekonfigurationen dessen, was außerdem noch möglich sein könnte.« (Ebd.: 96)

Dieser grenzenlosen Ausdehnung des Verantwortungsimperativs auf alle Intraaktionen haftet letztlich etwas Beliebiges an. Indem Barad Levinas' Konzept der Verantwortung als eine Facette des Intraaktionsbegriffs einführt, wird jede Beziehung zu einer Verantwortungsrelation (vgl. Barad 2007: 178 f., 184 f.). Was in dieser totalisierenden Konzeption verloren geht, ist ein Sensorium für die Eigenarten spezifischer Antworten auf alternative Werthaltungen und -horizonte, die sich in Materialisierungsprozessen artikulieren. Der normativ stark aufgeladene Begriff der Verantwortung bleibt seltsam diffus, da nicht deutlich wird, wie Beziehungen sich in ihrem ethischen Gehalt voneinander unterscheiden (vgl. dazu auch Braunmühl 2018). Damit stellt sich die Frage nach den Kriterien, die heranzuziehen sind, um zu entscheiden, welche Intraaktionen ›gehaltvoller‹ oder ›gerechter‹ sind als andere und welche Formen des ›Seins‹ anderen vorzuziehen sind. Oder in Barads eigenen Worten: Wie lassen sich »verantwortungsvoll Konfigurationen der Macht imaginieren und in sie intervenieren« (Barad 2007: 246)?

Barad gibt eine – wenn auch unbefriedigende – Antwort auf diese Frage. Ihr zufolge besteht das normative Kriterium für diese Ethik der Verantwortung darin, »auf die Möglichkeiten einzugehen, die uns helfen könnten, zu gedeihen« (ebd.: 396). Abgesehen von der generellen Ungewissheit darüber, was genau ›Gedeihen‹ in diesem Zusammenhang bedeuten könnte, bleibt offen, wen das ethische Kollektiv einschließt (und wen nicht):

Wie konstituiert sich dieses ›Wir‹, wie übersetzt sich die allumfassende Verantwortung in (unterschiedliche) politische Optionen, und wie ist Verantwortung angesichts der bestehenden Machtasymmetrien und strukturellen Ausschlüsse selbst als eine differenzielle Ressource zu begreifen, über die einige mehr als andere verfügen? Angesichts dieser ungelösten Fragen erscheint es unausweichlich, das Programm einer »Ethik von Gewicht [im Orig. *ethics of mattering*]« (ebd.: 3) um ein materielles Verständnis des Politischen zu erweitern. Barad begreift die vielfältigen Möglichkeiten des »Weltens [im Orig. *worlding*]« (ebd.: 181) nicht als potenziell konkurrierende und konfligierende Alternativen. Wenn sie ›Zurechnung‹ und ›Verantwortung‹ darüber definiert, dass diese bestimmen, »was gewichtig ist und was vom Gewichtig-Sein ausgeschlossen ist [im Orig. *what matters and what is excluded from mattering*]« (ebd.: 184), dann fehlen ihr jenseits dieser allgemeinen Feststellung die begrifflichen Mittel, um normative Präferenzen überzeugend zu begründen. Die fortwährende Betonung radikaler Kontingenz und Kontextabhängigkeit im agentiellen Realismus und der Akzent auf den »sich ständig ändernden Machtverhältnissen« (ebd.: 237) gehen überraschenderweise mit der systematischen Aussparung des Moments der Spannung und des Streits sowie der fehlenden Aufmerksamkeit für hegemoniale Prozesse und dauerhafte Strukturmuster einher. Der Einbezug der Konfliktualität unterschiedlicher Möglichkeiten des ›Werdens der Welt‹ und deren Stabilisierungs- und Reproduktionsbedingungen ist aber unabdingbar für die Analyse von Machtbeziehungen (vgl. Garske 2014; Washick und Wingrove 2015). Barad bleibt damit unter ihren eigenen theoretischen Möglichkeiten: An die Stelle einer Politisierung von Ontologie(n) tritt die Ethisierung des Politischen.[10]

Mit anderen Worten: Barad fehlt ein Verständnis dafür, dass die von ihr hervorgehobene Offenheit der (Re-)Konfiguration der Welt immer auch ein *politisches*, das heißt umstrittenes und umkämpftes Projekt ist. Die Realität ist nicht einfach immer schon ethisch, weil sie ontologisch von Apparaten abhängt, sondern Ontologien (im Plural) haben eine politische Dimension, da sie als kontingent und damit prinzipiell offen und konflikthaft zu begreifen sind. Dieses Untersuchungsinteresse ist zwar in Barads konzeptuellem Apparat angelegt, vor allem in ihrer Rekonzeptualisierung und Aktualisierung der Foucault'schen Machtanalytik, wird jedoch nicht systematisch weiterverfolgt.[11] Gerade weil der agentielle Realismus nicht von einer objektiv gegebenen Wirklichkeit ausgeht, sondern diese immer als lokal und temporär bestimmt begreift, ist dasjenige, was als ›real‹ gilt, nicht nur Gegenstand ethischer Problematisierungen, sondern auch politischer Projekte. Es ist daher notwendig, den begrifflichen Apparat um einen (ontologischen) Politikbegriff zu erweitern, damit alternative und konfligierende Modi des ›Werdens der Welt‹ angemessen in den Blick kommen.

4. Leben in der posthumanen Situation: Rosi Braidotti

Das in den vorangegangenen Kapiteln vorgestellte Spektrum ontologischer Positionen stellt die Kultur- und Sozialwissenschaften vor eine Reihe neuer Herausforderungen. Eine erste drängende Frage betrifft die Konsequenzen neomaterialistischer Ontologien für das Verständnis des Menschen und die Subjekttheorie. Was bedeutet der analytische Fokus auf Objekte, Gefüge und Intraaktionen für die Figur des Menschen, und in welcher Weise adressieren Neue Materialismen die historischen und politischen Spezifika des ›Mensch-Seins‹? Wie verhält sich die Idee einer agentiven Materie zur Subjekttheorie und wie transformiert sie Konzeptionen politischer Handlungsfähigkeit? Antworten auf diesen Problemkomplex sind in neomaterialistischen Arbeiten häufig mit dem schillernden Begriff des ›Posthumanismus‹ verknüpft, der den Anspruch erhebt, traditionelle anthropozentrische Analysemodi zu überwinden (vgl. überblickshaft Ferrando 2013; Loh 2018).

Neomaterialistische Posthumanismen sind durch zwei Abgrenzungsbewegungen gekennzeichnet. Erstens zielen sie darauf, über die antihumanistischen Dezentrierungen poststrukturalistischer Provenienz hinauszugehen. So strebten Althusser, Barthes, Foucault oder Derrida in ihren Schriften an, den humanistischen Konsens der 1960er und 1970er Jahre aufzubrechen, der das souveräne Subjekt als Ausgangs- und Fluchtpunkt der Theoriebildung betrachtete. Ihre Kritik richtete sich auf die Vorstellung eines konkreten und unveränderlichen Wesens des Menschen als Grundlage von Erkenntnisprozessen und Zweck der Geschichte. Die neomaterialistischen Posthumanismen gehen demgegenüber noch einen Schritt weiter. Sie wollen nicht nur die Figur des Menschen historisieren und vervielfältigen, sondern sie werfen über die Kritik am Humanismus hinaus die Frage einer posthumanen Materialität auf. Im Mittelpunkt stehen also neue Konzeptionen von Körpern und Kollektiven »jenseits der humanistischen Vorstellungskraft« (Åsberg et al. 2011). Der Versuch, neue Imaginationen des Menschen zu erarbeiten, ist dabei häufig geknüpft an die Problematisierung der konstitutiven Ausschlüsse, die mit der Anrufung ›des Menschen‹ historisch einhergingen. Grundlage dieser Kritik ist die Einsicht, dass die Figur des Menschen die Negativfolie des Nicht-Menschen oder des Nicht-vollwertigen-Menschen voraussetzt. Gerade antirassistische und feministische posthumanistische Positionen heben die Bedeutung dieser Ausschlussmechanismen für die Genealogie von Rassismen und Sexismen hervor und sehen hierin den kritischen Stachel einer neomaterialistischen Humanismuskritik (vgl. Ellis 2018; Jackson 2020).

Zweitens unterscheiden sich neomaterialistische Posthumanismen von jenen Positionen, die gegenwärtig unter dem Stichwort »Transhumanismus« verhandelt werden (Kurzweil 1990; Bailey 2005; Bostrom 2005). Diese Ansätze gehen davon aus, dass die geistigen und körperlichen Möglichkeiten des Menschen nicht ausgeschöpft seien und durch technologische Modifikationen entscheidend verbessert werden könnten – und sollten. Der Transhumanismus zielt auf die Überwindung der gegenwärtigen Grenzen des menschlichen Körpers durch konkrete Techniken der individuellen Optimierung und des Enhancements (genetische Modifikationen, Hirn-Computer-Schnittstellen etc.), um auf diese Weise Sterblichkeit, Krankheit und Leiden zu überwinden. Diese Fantasie wird getragen von der Idee, den Geist-Körper-Dualismus einseitig zugunsten geistiger Prozesse aufzulösen. Gegen solche Dematerialisierungsvisionen einer Verbesserung des Menschen profilieren sich die neomaterialistischen Posthumanismen. Diese kritische Intervention hat pointiert Cary Wolfe beschrieben: »Posthumanismus in meinem Sinne ist überhaupt nicht posthuman – im Sinne eines Seins, ›nachdem‹ unsere Verkörperung transzendiert wurde – er ist posthuman*istisch* in dem Sinne, dass er sich gegen Entkörperungs- und Autonomiefantasien stellt, die ein Erbe des Humanismus selbst sind« (Wolfe 2010: xv; Hervorh. im Orig.).

Im Feld der Neuen Materialismen hat die feministische Philosophin Rosi Braidotti wie keine andere die Konturen der »posthumanen Situation« (Braidotti 2014: 8) und deren Folgen für ein zeitgemäßes Verständnis von Subjektivität herausgearbeitet. Ihr geht es darum, den in der Gegenwart beobachtbaren empirischen Entwicklungen der Hybridisierung des Menschlichen und Nicht-Menschlichen – der »posthumane[n] Verwicklung« (ebd.: 9) – theoretisch Rechnung zu tragen, um Subjektivität unter diesem neuen Vorzeichen anders zu konzipieren. Dabei entwirft Braidotti eine dezidiert affirmative Theorie, die dazu auffordert, die komplexen Netzwerke und Beziehungsgeflechte der Gegenwart kreativ anzueignen, um zur »Verwirklichung neuer Begriffe, Gefühle und planetarischer Subjektformen« (ebd.: 108) beizutragen. Im Folgenden stellen wir zunächst Braidottis Überlegungen zu Subjekttheorie und Verkörperungsprozessen vor (4.1), bevor wir in einem zweiten Schritt deren ethische und politische Konsequenzen ins Zentrum der Betrachtungen rücken (4.2). Abschließend zeigen wir die Grenzen dieses affirmativen neomaterialistischen Projekts auf (4.3).

4.1 Nomadische Subjektivitäten und transversale Verkörperungen

Seit den 1990er Jahren verfolgt Braidotti das Projekt einer feministischen, neomaterialistischen Subjekttheorie, die sie in ihren späten Arbeiten zu einem kritischen Posthumanismus ausbaut. Werkübergreifend ist ihr zentrales Anliegen, die Materialität des Körpers neu zu konzeptualisieren und diese stärker mit politischen und ethischen Fragen zu verbinden. Braidotti greift dabei auf Elemente poststrukturalistischer Theorien zurück. Bereits in ihrer ersten Monografie *Patterns of Dissonance. A Study of Women in Contemporary Philosophy* (1991) kennzeichnet sie die Arbeiten Foucaults und vor allem die Schriften von Deleuze als »neomaterialistisch« (Braidotti 1991: 265). Deren theoretische Einsichten markieren für Braidotti eine wichtige Zäsur: ein Moment, »von dem es für die feministische Theorie kein Zurück mehr gibt« (ebd.: 265 f.). Für sie ist das poststrukturalistische Interesse, die Philosophie vom Logozentrismus zu befreien, ein grundlegendes neomaterialistisches Anliegen (vgl. ebd.: 141). Ein solches Theorieprojekt ist ihr zufolge eng mit einer Thematisierung von Körperlichkeit und der Untersuchung der Möglichkeitsbedingungen des Sprechens verbunden. Die Hinwendung zu den mannigfaltigen Voraussetzungen des Subjektseins und die Abkehr von der Vorstellung eines universalistischen und autonomen Subjekts (die häufig mit der Formel vom ›Tod des Subjekts‹ in Verbindung gebracht wird) begreift Braidotti in dieser frühen Arbeit als ein »Interesse am Femininen in der gegenwärtigen Philosophie« (ebd.: 142). Der Fokus verschiebe sich von Fragen der Vernunft und des Geistes hin zu einer expliziten Adressierung des gemeinhin in der Philosophie unterthematisierten Körpers.

Diese Einschreibung in die Traditionslinie des Poststrukturalismus verbindet Braidotti mit einer Korrektur. Sie beobachtet seit den 1990er Jahren – insbesondere in der US-amerikanischen Rezeption poststrukturalistischen Denkens – eine Hegemonie dekonstruktiver und linguistisch verengter Analysen (vgl. Braidotti 2012: 21). Demgegenüber besteht die theoriepolitische Bedeutung des Neomaterialismus für sie darin, »das linguistische Paradigma zurückweisen« (ebd.), um den körperlichen und affektiven Dimensionen von Subjektivierungsprozessen größeres analytisches und politisches Gewicht zu verleihen.

Anknüpfend an das konstatierte »Interesse am Femininen« im poststrukturalistischen Diskurs entwickelt Braidottis neomaterialistische Theoriebildung ein spezifisch differenzfeministisches Profil. Dieses speist sich aus einer innovativen Aneignung und Zusammenführung der Arbeiten von Gilles Deleuze und Überlegungen der feministischen Psychoanalytikerin Luce Irigaray. Das von Braidotti vorgeschlagene Programm des »Frau-Werdens« (Orig. *Becoming-Woman*) greift auf die Strategie des »Minoritär-Werdens« zurück, die Deleuze und Guattari in *Tausend Plateaus* (1992) entwickeln, und verknüpft diese mit Irigarays *Ethik der sexuellen Differenz* (1991). Der Versuch dieser Theoriesynthese bestimmt Braidottis Arbeiten seit Mitte der 1990er Jahre. Die »Trilogie« (Braidotti 2012: 20) *Nomadic Subjects* (1994), *Metamorphoses* (2002) und *Transpositions* (2006b) zielt auf die Ausarbeitung eines dezidiert feministisch-neomaterialistischen Verständnisses von Subjektivierung, Politik und Materialität. Die in diesen Büchern profilierte grundlegende These lautet, dass eine Aufwertung des Weiblichen mit einem veränderten Subjektverständnis einhergeht und ein affirmatives Moment in die politische Philosophie einführt.

Im Rahmen dieses Projekts ist der Begriff des Nomadischen von herausgehobener Bedeutung. Im Anschluss an die Prozessphilosophie von Deleuze markiert Braidottis »nomadische« Subjekttheorie (Braidotti 1994) ein epistemologisches Projekt, das die körperlichen Wurzeln von Subjektivität in ihrer Fragmentiertheit und Offenheit akzentuiert. Materialität wird hier zunächst mit Blick auf die heterogene Verkörperung und prozesshafte Konstitution von Subjektivität thematisch (vgl. ebd.: 27). Dabei wendet sich Braidotti explizit gegen eine »Entkörperung der sexuellen Differenz hin zu einem neuen angeblich ›postmodernen‹ und ›anti-essentialistischen‹ Subjekt« (ebd.: 160). Unter Bezugnahme auf das Frühwerk von Irigaray beharrt sie darauf, die »gelebte, körperliche Erfahrung von Frauen« (ebd.) als Ausgangspunkt feministischer Theorie zu bewahren, das heißt die materiellen Effekte imaginärer und kultureller Codes ins Zentrum zu stellen, die ›Weiblichkeit‹ in ihrer spezifischen historischen Form hervorbringen.

Die Implikationen dieses Subjektverständnisses für die politische Praxis arbeitet Braidotti stärker in der darauffolgenden Monografie *Metamorphoses* (2002) heraus. Besonders wichtig ist hier die bereits erwähnte Strategie des Frau-Werdens. Während dieses bei Deleuze und Guattari eine seltsam friktionsfreie Passage für alle Subjekte darstellt, die neue Formen der Sexualität und der vergeschlechtlichten Verkörperung durch die Irritation von Geschlechterdifferenzen ermöglicht, hält Braidotti an der asymmetrischen Positionalität ›männlich‹ und ›weiblich‹ markierter Körper fest (vgl. Braidotti 2002: 81–83). Allerdings versteht sie Weiblichkeit (bzw. Männlichkeit) dabei nicht als biologisches Substrat oder ahistorische Substanz, sondern als Ensemble von historisch situierten und kulturell hervorgebrachten Codes – die schließlich als universell oder überzeitlich (miss-)verstanden werden. Braidotti argumentiert im Anschluss an Irigaray, dass die Welt überhaupt nicht zweigeschlechtlich eingerichtet ist; die soziale und symbolische Ordnung sei vielmehr so strukturiert, dass allein dem Mann eine Subjektposition zukomme. Innerhalb dieses »phallokratischen Systems« (Irigaray) diene das ›Weibliche‹ nur als Spiegel und Mittel der Selbstaffirmation des ›Männlichen‹: »Eine Subjektivität, über die man niemals verfügt hat, kann nicht dekonstruiert werden; es kann keine Sexualität zerstreut werden, die historisch als dunkel und mysteriös definiert wurde.« (Ebd.: 82) Demnach ist das Frau-Werden für Braidotti nicht etwas, das in der Gegenwart bereits vorzufinden ist (und das unterminiert oder irritiert werden könnte), sondern ein auf die Zukunft gerichtetes Projekt und ein anzustrebendes Ziel. Weiblichkeit bezeichnet jene Virtualität, die eine andere, komplexere, vieldeutige Verkörperung von Sexualität und Subjektivität kreativ hervorbringen kann.

Mit dieser Betonung des »femininen Gesichts der Philosophie« (Braidotti 2012: 23) geht eine positive Neubestimmung des Materiellen einher, welche dessen Wirkmacht und Lebendigkeit hervorhebt. Im Sinne einer »materialistischen Theorie des Werdens« (Braidotti 2002) verfolgt Braidotti den Anspruch, Materialität prozessual zu reformulieren und Verkörperungen als transversal zu verstehen. Während sie diese Auffassung von Materialität in ihren frühen Arbeiten noch stark auf menschliche Körper und Sexualität bezieht, kommt seit der Publikation von *Transpositions* (2006b) eine umfassendere posthumanistische Orientierung zum Tragen. Braidotti bezieht die von ihr erarbeiteten neomaterialistischen philosophischen Begriffe und ihre subjekttheoretischen Überlegungen nun deutlicher auf Probleme ethischer und politischer Praxis. Im Zentrum der Betrachtungen stehen die Konsequenzen der nomadischen Subjekttheorie für eine affirmative, vitalistische Ethik, deren Subjekte sich durch eine ontologische Offenheit und Affizierbarkeit auszeichnen. Im Anschluss an Spinoza und Deleuze und stärker affekttheoretisch orientiert als in ihren vorangegangenen Arbeiten, bestimmt Braidotti eine »Ethik der Erhaltung [im Orig. *ethics of sustainability*]« (Braidotti 2006b: 119) als normativen Fluchtpunkt nomadischer Subjektivität. Diese ethische Orientierung stellt Praktiken in den Vordergrund, welche zugleich die Selbsterhaltung von Körpern unterstützen und offen für die heterogenen Materialisierungen der Welt sind.

4.2 Konturen einer posthumanistischen Ethik und Politik

In ihrer Monografie *Posthumanismus. Leben jenseits des Menschen* (2014; Orig. 2013) führt Braidotti ihre Überlegungen aus *Transpositions* weiter und konzipiert ein Politik- und Ethikverständnis, das jener »posthumanen Situation« (Braidotti 2014: 8) gerecht wird, die ihr zufolge die Gegenwart kennzeichnet. Diese historische Konstellation besitzt für Braidotti eine theoriepolitische und eine empirische Dimension. Theoriepolitisch geht es ihr um die Kritik und Überwindung sozialkonstruktivistischer Ansätze, die es systematisch verfehlten, der »Vorstellung von der vitalen, selbstorganisierenden, aber nicht-naturalistischen Struktur des Lebendigen selbst« (ebd.) Geltung zu verschaffen. Es sei an der Zeit, die durch »[w]issenschaftliche und technische Fortschritte« (ebd.: 9) nachhaltig untergrabenen Grenzmarkierungen zwischen ›Natur‹ und ›Kultur‹ gesellschaftstheoretisch ernst zu nehmen. Von entscheidender Bedeutung ist für Braidotti die Neubestimmung einer Subjektivität, die der »posthumane[n] Verwicklung« (ebd.: 56) entspricht. Mit der posthumanen »Verwicklung« oder »Situation« beschreibt Braidotti die – an anderen Stellen auch als »postanthropozentrisch« (ebd.: 68) bezeichnete – konstitutive Mischung und wechselseitige Abhängigkeit menschlicher und nicht-menschlicher Entitäten.

Die empirische Dimension der posthumanen Situation verfolgt Braidotti etwa auf der Ebene der politischen Ökonomie. Sie beobachtet eine integrale Subsumtionsbewegung, die weit über menschliche Prozesse und Arbeitsformen hinausgeht und »letztlich alle Arten unter dem Imperativ des Marktes vereint« (ebd.: 68). Der globale Kapitalismus verwische die »Unterschiede zwischen Menschen und anderen Arten hinsichtlich ihrer Verwertung. Saatgut, Pflanzen, Tiere und Bakterien fügen sich neben vielfältigen Exemplaren der Menschheit ein in diese Logik unersättlichen Konsums« (ebd.: 68). Braidotti zufolge untergräbt dieses ökonomische Regime die »Zentralstellung des Anthropos« (ebd.: 71). Es führe zu einer »ungeheure[n] Hybridisierung der Gattung« (ebd.: 71), die das Menschliche systematisch mit Formen nicht-menschlichen Werdens verschränke und jede Vorstellung einer souveränen, abgeschlossenen Subjektivität konterkariere.

Braidottis theoretischer Einsatz in Bezug auf diese politisch-ökonomischen Verhältnisse liegt darin, diese Entwicklungen nicht zu dekonstruieren oder allein kritisch zu kommentieren, sondern sie zu affirmieren und Transformationspotenziale auszuweisen. Dabei geht sie so weit, gesellschaftskritischen Positionen vorzuwerfen, »dass die Befürworter des modernen Kapitalismus das kreative Potential des Posthumanen offenbar schneller erfassen als manche der wohlmeinend-fortschrittlichen neohumanistischen Gegner dieses Systems« (ebd.: 50). Die Kultur- und Sozialwissenschaften, vor allem die Tradition kritischer Theorien, ignorierten allzu oft die Anpassungsfähigkeit des Kapitalismus und verharrten in einer »nostalgischen Rückbesinnung auf die humanistische Vergangenheit« (ebd.). Braidotti möchte demgegenüber den kapitalistischen Vereinnahmungstendenzen begegnen, indem sie die gesellschaftsverändernden Potenziale der posthumanen Hybridisierungsprozesse herausstellt. Hierbei sind ihr »Experimente mit neuen Formen von Subjektivität« (ebd.) ebenso wichtig wie die kreative Aneignung von Technologien, deren »normative Neutralität« (ebd.) und prinzipielle Offenheit sie betont.

Diese theoriestrategischen Präferenzen und empirischen Beobachtungen finden ihren Ausdruck in einer »monistischen Philosophie« (ebd.: 9), die durch ein Denken radikaler Immanenz gekennzeichnet ist. Braidotti formuliert eine Vision posthumaner Subjektivität, die »materialistisch und vitalistisch, verleiblicht und eingebettet« (ebd.: 56) sei. ›Leben‹ dient ihr dabei als affirmativer Bezugspunkt und Vektor politischen Handelns. Im Rahmen dieses »lebendige[n] Materialismus« (ebd.: 108) skizziert sie einen Politikbegriff, der einen »zoézentrierten Egalitarismus« (ebd.: 66) begründen soll. Anders als der Begriff des *bíos*, der die politische Existenz des Lebens in den Vordergrund stellt, bezieht sich *zoé* auf das materielle Dasein und dessen Entfaltung. Mit dieser Akzentverlagerung zielt Braidotti auf »eine Erweiterung des Begriffs des Lebens hin zum nichtmenschlichen Leben oder der Zoé« (ebd.: 54). Die bislang in der Philosophie marginalisierte Hybridität weltlicher Existenzen kehre mit diesem Lebensbegriff »wieder auf den Boden der materiellen Realität« (ebd.) zurück. Darüber hinaus verweist *zoé* bei Braidotti auch auf Spinozas Idee einer Lebenskraft als *potentia* und artikuliert die neomaterialistische Idee einer eigensinnigen und wirkmächtigen Materie (vgl. auch Braidotti 2006b: 129–131.).

Die nach Entfaltung strebende Lebenskraft wird zur normativen Richtschnur politischen Handelns. Aufgabe der posthumanen Theorie im Sinne Braidottis ist es dabei, »ein Bündnis mit der produktiven und immanenten Kraft der Zoé, der nichtmenschlichen Seite des Lebens« (Braidotti 2014: 71) herzustellen. Unklar bleibt allerdings der Stellenwert des *bíos* zur Bestimmung menschlicher Existenz: Geht dieser in einem umfassenden vitalistischen Zusammenhang auf oder bleibt er das Andere der *zoé*? In jedem Fall – daran lässt Braidotti keinen Zweifel – zielt diese »Form des Lebensmaterialismus« (ebd.) darauf, den »produktiven Aspekten der posthumanen Verwicklung und den dadurch eröffneten Perspektiven für affirmative Veränderungen der Subjektivitätsformen wie auch der Theorie- und Erkenntnisproduktion« (ebd.: 72) nachzugehen.

Die Ausarbeitung dieser affirmativen Haltung hat Braidotti als Dreh- und Angelpunkt ihres Denkens beschrieben (Braidotti 2006a), aber auch als zentrales Merkmal neomaterialistischer Theorie insgesamt bestimmt: Diese »kombiniere Kritik mit Kreativität« (Braidotti 2012: 22). Das Zentrum einer solchen »Politik der Affirmation« (Braidotti 2018) sei das posthumane Subjekt, welches die »Komplexität und Widersprüchlichkeit unserer Zeit« (Braidotti 2014: 56) anerkenne. In den posthumanen Verbindungen mit heterogenen Anderen erfahre sich das ethische Subjekt »mit stets wachsender Genauigkeit als Teil dieser in sich verbundenen Gesamtheit von Materie und Denken« (Braidotti 2018: 12). Die Wahrnehmung der radikalen Angewiesenheit auf und Verschränkung mit dem menschlichen und nicht-menschlichen Anderen kann Braidotti zufolge die von ihr gewünschten Experimente mit der posthumanen Situation anstoßen. Die unhintergehbare »ontologische Relationalität« (Braidotti 2014: 193) der Welt erfordere eine ethische Haltung als »positive Vision des Subjekts als radikal immanenter, intensiver Körper, das heißt als ein Gefüge [im Orig. *assemblage*] von Kräften und Flüssen, Intensitäten und Leidenschaften« (Braidotti 2006a: 238). Diese Ontologie der posthumanen Verwicklung steht in direktem Zusammenhang mit einer Ethik der Entfaltung, der zufolge jene Optionen wertzuschätzen sind, die die Wirkmächtigkeit eines Körpers und dessen positive Energien erhöhen. Die affirmative Ausgestaltung heterogener Relationen in Richtung einer Steigerung von Energien und Vermögen macht demnach den politisch-ethischen Kern von Braidottis neomaterialistischen Posthumanismus aus.

4.3 Die Grenzen der Affirmation

Braidottis Arbeiten zum Posthumanismus haben in den Kultur- und Sozialwissenschaften eine große Resonanz erfahren, ihr Einfluss auf neomaterialistische Theoretiker_innen ist kaum zu überschätzen – was etwa die (Mit-)Herausgabe einschlägiger Handbücher und Sammelwerke zu diesem Themenkomplex dokumentiert (Åsberg und Braidotti 2018; Braidotti und Hlavajova 2018; Braidotti und Bignall 2019). Mit anderen neomaterialistischen Ansätzen, vor allem mit Jane Bennetts vitalem Materialismus (siehe Kapitel 2), teilt sie die relational-ontologische Perspektive, welche die Interdependenz und Affektivität menschlicher und nicht-menschlicher Körper und Entitäten in der Welt betont. Die genuin affirmative Stoßrichtung ihres posthumanistischen Projekts und dessen ethisch-politische Implikationen unterscheiden sich jedoch signifikant von vielen Positionen innerhalb und außerhalb des Feldes Neuer Materialismen.

Braidotti grenzt ihre affirmative Ethik von Subjektivitätskonzepten und Ethiken ab, die auf geteilter Verwundbarkeit basieren, wie sie etwa Judith Butler oder Jacques Derrida ausgearbeitet haben (vgl. Butler 2005; Derrida 2010). Ethik wie Politik sollen ihr zufolge »nicht auf der negativen oder reaktiven Grundlage gemeinsamer Vulnerabilität, sondern auf gemeinsamen Projekten und Aktivitäten« (Braidotti 2014: 193) beruhen. Dieses Argument operiert mit einer hierarchischen Unterscheidung zwischen Aktion und Reaktion, die letztere klar gegenüber ersterer abwertet. Während Braidotti Verwundbarkeit mit einer negativen, defensiven Reaktion assoziiert, begreift sie Beziehungen wechselseitiger Abhängigkeit heterogener Verkörperungen in der ›posthumanen Situation‹ insofern als positiv und kreativ, als diese »Zusammenhänge zwischen materiellen und symbolischen, konkreten und diskursiven Linien oder Kräften« (ebd.: 99) herzustellen vermögen. An die Stelle der Idee einer geteilten Verwundbarkeit setzt Braidotti ein »Primat der Beziehung, der Interdependenz« (ebd.). Dieses betont zwar wie die (sozial-)ontologische Fokussierung auf Verwundbarkeiten eine konstitutive Relationalität und heterogene Verbundenheit, negiert jedoch die geteilte Gefährdung und fokussiert auf die sich (potenziell) entfaltende Lebenskraft und die aktive Aneignung dieser Beziehungen.

Braidottis Kritik des Verwundbarkeitsparadigmas verengt den Begriff der Vulnerabilität allerdings auf eine akute, punktuelle und krisenhafte Bedrohung. Wie auch Peta Hinton herausgearbeitet hat, steht im Zentrum ihrer Überlegungen eine vereinseitigende Privilegierung der »*potentia* als aktive Kraft, die politischen und ethischen Wandel verfügbar macht« (Hinton 2017: 225; Hervorh. im Orig.). Damit marginalisiert Braidotti die Bedeutung negativer und destruktiver Kräfte, die ihr zufolge politische Handlungsfähigkeit bedrohen oder verunmöglichen. Demgegenüber geht etwa Butler davon aus, dass Gefährdung und Verwundbarkeit elementare Bestandteile des (sozialen) Lebens sind. Verwundbar zu sein ist nicht die Ausnahme, auf die fallweise reagiert werden muss, sondern jene Situation, der ›wir‹ immer schon ausgesetzt sind und die gemeinsames Handeln überhaupt erst ermöglicht (vgl. Butler 2003: 46 f.). In dieser Lesart haftet dem Faktum der Vulnerabilität nicht das Moment der Reaktion oder der Passivität an; vielmehr ermöglicht die konstitutive Gefährdung aller eine kollektive Gestaltung der Beziehungen radikaler Interdependenz. Der Begriff der Verwundbarkeit zeigt an, dass diese wechselseitigen Abhängigkeitsbeziehungen zwar eine bedrohliche Dimension besitzen, sie aber konstitutiv für die soziale und politische Existenz sind. Die Anerkennung von Schutzbedürftigkeit lädt zu einer Politik ein, die Verletzbarkeit als eine grundlegende existenzielle Disposition begreift und Relationalität »nicht bloß als eine deskriptive oder historische

Tatsache unserer Formierung [bejaht], sondern auch als eine dauerhafte normative Dimension unseres sozialen und politischen Lebens« (Butler 2005: 44).

Braidottis posthumaner Ethik zufolge, die stärker als Butler nicht-menschliche Entitäten einbezieht, stellt sich Verbundenheit hingegen gerade nicht »angesichts der gemeinsamen Bedrohungen« (Braidotti 2014: 54) her, sondern als »affirmative Bindung, die das Subjekt im Fluss der Beziehungen zu vielfältigen Anderen verortet« (ebd.). Dabei sei es notwendig, den posthumanen Beziehungen der wechselseitigen Abhängigkeit, die Ethik wie Politik begründen, aktiv zu begegnen: »Die Unterscheidung Aktivität/Passivität ist deutlich wichtiger als jene zwischen Selbst und Anderem, gut und schlecht.« (Braidotti 2006a: 241) Beziehungen der Gefährdung, Bedürftigkeit und Verwundbarkeit versteht Braidotti als Gegenpol affirmativer Relationen. Eine solche Opposition ist nicht nur aus einer feministischen Perspektive problematisch, weil die ambivalente Realität der Interdependenzen nicht in den Blick kommt. Einer dualistischen Logik folgend stehen Aktivität und Passivität, Aktion und Reaktion sich seltsam entkoppelt gegenüber – es scheint keine innere Verwiesenheit der jeweiligen Pole aufeinander zu geben und keine Gleichzeitigkeit unterschiedlicher Dynamiken möglich zu sein (vgl. auch Butler 2014: 22, 27).

Darüber hinaus ist fraglich, ob Verwundbarkeit tatsächlich ein lediglich negativer und reaktiver Bezugspunkt für ethische und politische Praktiken ist. Für Braidotti führt eine auf Verwundbarkeiten basierende Vergemeinschaftung zu einem »negativen Kosmopolitismus« (Braidotti 2014: 100), der durch eine »reaktive panhumane Bindung« (ebd.) gekennzeichnet sei. Die Abwertung des Reaktiven hat allerdings ihren Preis, denn sie führt zu einer reduktionistischen Konzeption von Materialität, die nicht länger in ihrer Eigensinnigkeit, Unverfügbarkeit und Spezifizität, sondern nur noch als allgemeine Voraussetzung und Grundlage eines schöpferischen Stroms von Potenzialität in den Blick kommt. In Aussicht stehen »posthumane Wiederherstellungen eines panhumanen kosmopolitischen Bandes« (ebd.: 57), wenn ›wir‹ die posthumane Konstellation richtig begreifen, ontologisch sensibel agieren und die Interdependenz der eigenen Subjektivität affirmieren. In dieser Konzeption haben ›wir‹ mit der Materie immer schon Frieden geschlossen, bzw. sind auf dem besten Weg dahin.

Allerdings ist es zweifelhaft, ob die radikale Verwobenheit mit dem menschlichen und nicht-menschlichen Anderen ausschließlich als positiv und ermöglichend zu begreifen ist. Braidottis affirmative Ethik des Erhaltens und Entfaltens tendiert dazu, politische Fragen und Konflikte auszuklammern oder harmonistisch zu verklären. Sie reduziert das Politische auf gemeinsame »Projekte der Affirmation von Hoffnung, die in den Mikropraktiken des Alltagslebens angelegt sind« (ebd.: 195). Dabei lässt sie offen, wie in der posthumanen Situation konkret gemeinsam entschieden und wer in welcher Weise in deliberative Prozesse eingebunden wird. Die proklamierte Neuerfindung der Menschheit unter posthumanistischem Vorzeichen verengt sich somit auf ein Aufklärungsprojekt über gemeinsames Werden und heterogene Gefüge, das als Grundlage kreativer Experimente dienen soll. Braidottis Fokus auf Affirmation stellt einseitig die Chancen des posthumanen Zeitalters heraus, während dessen Ambivalenzen und Ungleichzeitigkeiten unterbelichtet bleiben:

> »Ich betrachte die posthumane Wende als eine großartige Möglichkeit, miteinander zu entscheiden, was und wer wir imstande sind zu werden, als eine für die Menschheit einzigartige Gelegenheit, sich affirmativ neu zu erfinden – durch Kreativität und stärkende ethische Beziehungen, nicht negativ durch Vulnerabilität und Angst. Es ist eine Chance, Möglichkeiten von Widerstand und Emanzipation auf planetarischer Ebene auszumachen.« (Ebd.: 197 f.)

Wie diese Formulierung deutlich macht, bleibt Braidottis affirmativer Reduktionismus zuletzt einem »Ultra-Humanismus« (Colebrook 2014: 162) verpflichtet, den die Literaturwissenschaftlerin Claire Colebrook bei vielen posthumanistischen Positionen diagnostiziert. Die Gefahr dieser humanistischen Zuspitzung liege darin, dass sie menschliche Existenz in einem interdependenten Netz des Lebens aufgehen lässt und »die Qualitäten, die einst dem Menschen zugeschrieben wurden – Qualitäten wie Denken [im Orig. *mindfulness*], Verbundenheit, selbstorganisierender Dynamismus« (ebd.) auf dieses ausweiten. Posthumanistische Perspektiven, die die Bedeutung von Verkörperungsprozessen herausstellen, seien ebenso wie transhumanistische Ansätze, die eine technische Überwindung körperlicher Grenzen anstreben, nicht dazu in der Lage, die »Böswilligkeit« (ebd.: 168) des Menschen und dessen destruktive Kapazitäten analytisch zu fassen. Mit dieser Vereinseitigung verstellen sich posthumanistische Ansätze – so Colebrook – die Möglichkeit, die Menschheit (Orig. *humanity*) als ein »verstörendes Resultat systemischer Ereignisse aufzufassen statt als Ursprung« (ebd.: 168). ›Der Mensch‹ in seiner posthumanen Verflechtung wird erneut enthistorisiert und als unhintergehbarer – nur anders konzipierter – Ausgangspunkt gesetzt.

Im Ergebnis bestätigen und erneuern Braidottis Arbeiten ein Menschenbild, das einen Willen zur Optimierung und Steigerung sowie die Idee einer ursprünglichen und positiven Kraft voraussetzt, anstatt nach den Bedingungen für eine solche Subjektivität oder der Materialität dieses spezifischen Mensch-Seins zu fragen. Demgegenüber ist es erforderlich, ›den Menschen‹ als historische Figur in je konkreten zeit-räumlichen Verortungen als Produkt konstitutiver Relationen zu begreifen. Ein »kritischer Posthumanismus« (Braidotti 2014: 50), den Braidotti für sich in Anspruch nimmt, müsste die Ausschlüsse und Asymmetrien herausarbeiten, die mit spezifischen materiell-diskursiven Konstitutionsprozessen einhergehen. Er müsste die konkrete Materialität von Technologien analysieren, statt ihnen pauschal eine »normative Neutralität« (ebd.) zuzusprechen, die offen für emanzipatorische Aneignungsprozesse sei. Braidottis Konzeption der posthumanen Situation greift daher zu kurz. So sinnvoll und notwendig es ist, materielle Transformationsmöglichkeiten und Rekonfigurationen von Subjektformen auszuweisen, der von ihr profilierte rein affirmative Begriff von Relationalität mit dem Fokus auf Lebenserhaltung und -entfaltung kann die destruktiven Dimensionen und die todbringenden Potenziale dieser Prozesse nur unzureichend erfassen.

5. Die Herausforderung der Transdisziplinarität: Elizabeth Grosz und Elizabeth Wilson

Eine Reihe neomaterialistischer Autor_innen bezieht sich in ihren Arbeiten auf naturwissenschaftliche Wissensbestände, um die Eigensinnigkeit von Materialität zu erfassen. Neben der Physik (Barad 2007; Kirby 2011) und der Geologie (Povinelli 2016) knüpfen sie besonders häufig an die Biologie und ihre Subdisziplinen an (Birke 1999; Wilson 2004; Hird 2009b; Grosz 2011). Vor allem feministische Neomaterialismen, die sich von substanzontologischen Annahmen abgrenzen und an einer nicht-essenzialistischen Theorie der Verkörperung arbeiten, greifen in unterschiedlicher Weise auf naturwissenschaftliches Wissen zurück.

Die Soziologin Myra Hird (2009a) hat drei feministische Zugänge zu den Naturwissenschaften unterschieden: erstens die externe Kritik naturwissenschaftlicher Wissensproduktion, zweitens die gezielte Extraktion bestimmter naturwissenschaftlicher Konzepte, um diese als explikatorische Ressourcen für die Untersuchung sozial- oder kulturwissenschaftlicher Fragen zu nutzen, und drittens das aktive Engagement feministischer Arbeiten in und mit den Naturwissenschaften. Es ist diese letztgenannte Form der Auseinandersetzung, also das Anliegen eines offenen Dialogs und einer intensiven Kooperation mit naturwissenschaftlichen Forschungspraktiken, die viele feministische Neomaterialismen anstreben (vgl. Kirby und Wilson 2011: 233). Diese »wissenschaftsfreundliche« (Kirby 2017: 11) Orientierung ist für die feministische Theorie und Forschung keineswegs frei von Ambivalenzen. So stellt sich etwa die Frage, ob die Aneignung biologischen Wissens essenzialistische Geschlechter- und Naturkonzepte befördert und den Glauben an die Objektivität und Neutralität (natur-)wissenschaftlicher Geltungsansprüche erneuert, den feministische und postkoloniale Wissenschaftskritiken spätestens seit den 1980er Jahren problematisieren. Feministische Wissenschaftler_innen, die sich affirmativ auf biologisches Wissen beziehen, stehen daher vor einem Dilemma, das Lynda Birke in einem Interview wie folgt beschrieben hat: »Das Problem ist, dass wir einfach keinen anderen Weg *haben*, Wissen über die materielle Welt zu produzieren, der kulturell breit akzeptiert wird. Das bedeutet, wir müssen mit der Autorität der Naturwissenschaften arbeiten, auch wenn wir sie gleichzeitig hinterfragen.« (Åsberg und Birke 2010: 418; Hervorh. im Orig.) Es geht also darum, die »ultimative Autorität« (ebd.) der Naturwissenschaften zu destabilisieren und zugleich zu fragen, wie naturwissenschaftliche Theorien und empirische Daten für feministische Projekte produktiv gemacht werden können.

Das Spannungsverhältnis einer gleichzeitigen Affirmation und Dezentrierung naturwissenschaftlichen Wissens in feministischen Neomaterialismen wird durch einen wissenschaftstheoretischen Spagat ergänzt. Zum einen soll an der Einsicht festgehalten werden, dass ›Objektivität‹ in den modernen Wissenschaften an eine problematische Entkörperungs- und Unabhängigkeitsfantasie gekoppelt ist – eine Vorstellung, die Haraway als »göttlichen Trick« (Haraway 1995b: 81) bezeichnet hat. Diese Operation erlaubt es, die Souveränität und Neutralität des Erkenntnissubjekts zu behaupten, indem dessen Körperlichkeit und Eingebundenheit in die Welt und die Apparate der Wissensproduktion verleugnet wird. Ein in dieser Weise entkörperter Blick war und ist vor allem *weißen* männlichen Subjektpositionen vorbehalten und verhindert bessere und umfassendere Darstellungen der Welt. Zum anderen markieren feministische Neomaterialismen auch eine Distanz zu klassischen sozialkonstruktivistischen Positionen. Diese seien durch einen »impliziten Anti-Realismus« (Åsberg und Birke 2010: 417) gekennzeichnet, der dem Anspruch der Naturwissenschaften nicht gerecht werde, die Wirklichkeit in ihrer Komplexität zu erfassen. In den Worten Birkes geht es angesichts dieser Problemkonstellation darum, »Wege zu finden, die Lücke zwischen der Einsicht, dass Fakten sozial konstruiert sein können und es trotzdem etwas Konkretes draußen in der Natur gibt, zu überbrücken« (ebd.).

Die im Folgenden betrachteten feministischen Neomaterialismen zielen vor diesem Hintergrund darauf, Methodologien und Vokabulare für die Analyse von Verkörperungsprozessen zu entwickeln, die über die wissenschaftstheoretische Polarisierung zwischen Sozialkonstruktivismus und Realismus hinausgehen. Im Anschluss an Stacy Alaimo (2008: 237 f.) bezeichnen wir diese Forschungsanstrengungen als korporeale Neomaterialismen. Wir übersetzen »corporeal« nicht als »körperlich«, sondern als »korporeal«, um die im Deutschen sonst nicht einzufangende Konnotation des Realen beizubehalten, die der Begriff im Englischen besitzt. Korporeale Neomaterialismen begreifen den Körper weder als materiales Substrat noch als diskursive Projektionsfläche. Sie gehen davon aus, dass Körper in ihrer Materialität kontingent, heterogen und eigensinnig sind – eine Einsicht, die auch und gerade der Einbezug biologischen Wissens unterstreichen könne. Dieses Anliegen kennzeichnet den Ansatz der feministischen Philosophin Elizabeth Grosz, den wir zunächst vorstellen. Ihre Arbeiten rekurrieren vor allem auf die evolutionstheoretischen Schriften Charles Darwins, aber untersuchen auch, wie sich das Ideelle oder Nicht-Materielle in eine Neukonzeption von Materialität integrieren lässt (5.1). Das nächste

Unterkapitel stellt das Werk der Psychologin und Geschlechterforscherin Elizabeth Wilson vor, die neurowissenschaftliches und psychologisches Wissen für die feministische Theoriebildung fruchtbar macht (5.2). Abschließend markieren wir Parallelen und Unterschiede zwischen den beiden vorgestellten korporealen Neomaterialismen und diskutieren Potenziale und Gefahren der neomaterialistischen Aneignung naturwissenschaftlichen Wissens (5.3).

5.1 Von der Evolutionstheorie zum Inkorporealen

In zahlreichen Veröffentlichungen hat sich Elizabeth Grosz mit dem Problem einer umfassenden philosophischen Konzeption von Körperlichkeit sowie den Implikationen von Prozessontologien und ihren spezifischen Temporalitäten beschäftigt. Schon ihre erste Monografie *Volatile Bodies* (1994) enthält zentrale Themen neomaterialistischen Denkens und begreift den Körper als vergeschlechtlicht und begehrend, aber auch als eigensinnig, unberechenbar und mit ihm eigenen Potenzialitäten ausgestattet. In den Buchveröffentlichungen *The Nick of Time. Politics, Evolution and the Untimely* (2004) und *Becoming Undone. Darwinian Reflections on Life, Politics, and Art* (2011) sowie in ihrem Aufsatz *Darwin and Feminism. Preliminary Investigations for a Possible Alliance* (2008) führt Grosz diese Überlegungen weiter und verknüpft sie mit einer originellen Rezeption evolutionsbiologischen Wissens.

Ausgangspunkt von Grosz' Beschäftigung mit der Darwin'schen Evolutionstheorie ist die Überzeugung, dass Feminist_innen zwar gute Gründe haben, die Form der Wissensproduktion in der Biologie zu problematisieren; allerdings führe für eine gehaltvolle inhaltliche Auseinandersetzung mit dem ›Körper‹ kein

Weg an der Biologie vorbei. Falls die feministische Theoriebildung die Einsicht ignoriere, dass ›wir‹ biologische Lebewesen sind und ›unsere‹ Biologie verkörpern, mache sie sich einer Abwertung körperlicher Prozesse (mit-)schuldig und könne die wechselseitigen Bedingungsverhältnisse von Natur und Kultur nicht angemessen analysieren. Vor diesem Hintergrund rückt für Grosz die Frage nach den Möglichkeitsbedingungen kultureller Prozesse ins Zentrum ihrer Forschungsinteressen:

> »Worin liegen die Virtualitäten und Potentialitäten innerhalb biologischer Existenz, die kulturelle, soziale und historische Kräfte dazu befähigen, mit diesen zu arbeiten und diese Existenz aktiv zu transformieren? Wie stützt und ermöglicht Biologie – die Struktur und Organisation lebender Systeme – kulturelle Existenz und sozialen Wandel?« (Grosz 2008: 24)

Ihre These ist, dass eine bestimmte Lesart von Darwins Evolutionstheorie und seines Konzepts der sexuellen Selektion es erlaubt, die biologischen Voraussetzungen kultureller Praktiken in ihrer Eigensinnigkeit und ihrem Wandel theoretisch zu erfassen (vgl. auch Grosz 2011: 115–142). Diese Neuaneignung von Darwin soll den häufig gegen seine Arbeiten vorgebrachten Vorwurf eines biologischen Determinismus zurückweisen, um im Gegenteil die Unbestimmtheit und Kontingenz hervorzuheben, welche Grosz zufolge seine Evolutionstheorie auszeichnet. Demnach ermöglichen Darwins Schriften »eine subtile und komplexe Kritik der Essenzialisierung und der Teleologie« (Grosz 2008: 28).

Grosz' Darwin-Lektüre unterscheidet sich dabei in wichtigen Punkten vom Mainstream der Evolutionstheorie. Entgegen der sogenannten Großen Synthese der Darwin'schen Evolutionsbiologie mit der Genetik und einer Sichtweise, die Evolution als einen biologischen Kampf zwischen »egoistischen Genen« (Dawkins 1978) konzipiert, beharrt Grosz darauf, dass Darwin von der »inklusiveren Entität Leben« (Grosz 2011: 119) ausgegangen sei. Dieses ›Leben‹ sei nicht auf Gene und deren Funktionen und Strukturen zu reduzieren, sondern vielmehr eine »gewaltige Serie von Zellen, Organen und (Mikro-)Organismen, ein Netzwerk verbundener und konkurrierender Kräfte oder Perspektiven« (ebd.).

Darwin, so Grosz, habe in *Die Entstehung der Arten* (1859) zwei Ziele verfolgt, die eine feministisch-neomaterialistische Lesart seines Werks ermöglichen. Zum einen zeige er, dass gegenwärtige Spezies von früheren Lebensformen abstammen, und zum anderen wolle er das dynamische Zusammenspiel von Abstammung und Modifikation – Kontinuität und Diskontinuität – erklären. Die Verbindung dieser beiden Fragen führe Darwin zu einem Verständnis der »*Genese des Neuen* aus dem Spiel von Wiederholung und Differenz innerhalb des Bestehenden« (Grosz 2008: 29; Hervorh. im Orig.). Drei Prinzipien seien in diesem Zusammenhang entscheidend: Erstens das Postulat der Diversität, mit dem Darwin die mehr oder weniger zufälligen individuellen Variationen beschreibt, von denen einige Ausprägungen signifikant für die langfristige Anpassung von Individuen oder Spezies werden können. Zweitens der Grundatz der Vererbbarkeit spezifischer Variationen, so dass »auch kleine Vorteile, die einem Individuum beschert wurden, über die Zeit verstärkt werden könnten« (ebd.: 31). Drittens das Prinzip der natürlichen Selektion, welches die Erhaltung einer Art ermögliche und das Darwin zufolge in zwei Formen existiert: als artifizielle und als sexuelle Selektion (vgl. ebd.: 32; 2011: 120–133).

Grosz beschreibt die natürliche Selektion als einen übergreifenden Mechanismus, der vom Grundsatz der Bewahrung (Orig. *principle of preservation*) angetrieben wird. Dieses Prinzip werde bei Darwin jedoch nicht konservativ aufgefasst, sondern sei prozesshaft konzipiert. Die grundlegende These der Erhaltung des Am-besten-Angepassten (Orig. *preservation of the fittest*) beziehe sich gerade nicht auf eine zu einem bestimmten evolutionären Zeitpunkt »siegreiche Spezies« (Grosz 2008: 32), vielmehr müssten erfolgreiche Arten dauerhaft in der Lage sein, mit wechselnden Umweltbedingungen umzugehen, also »empfänglich für Wandel« (ebd.: 32 f.) sein. Die ›bestangepassten‹ Lebensformen können sich also nicht nur optimal in existierende Umwelten einfügen, sondern auch in *sich wandelnde* Milieus. Die natürliche Selektion sei demnach durch eine grundlegende Offenheit und Produktivität gekennzeichnet, die sichtbar werde, wenn man Darwins weiterer Differenzierung dieses Mechanismus nachgehe – den Dimensionen der artifiziellen und der sexuellen Selektion. Die artifizielle Selektion beschreibt hierbei die Züchtung bestimmter Lebensformen durch die Einführung von Selektionsmechanismen durch den Menschen (vgl. ebd.: 33). Die sexuelle Selektion hingegen füge Evolutionsprozessen ein ästhetisches, individuell motiviertes und kreatives Moment hinzu (vgl. Grosz 2011: 132 f.) und setze »eine dem Prinzip puren Überlebens gegenläufige Kraft ein [...], denn reproduktiver Erfolg lässt sich nicht gleichsetzen mit purem Überleben« (Grosz 2008: 34). So verstanden ist die natürliche Selektion kein »passiver Hintergrund oder Kontext, in dem sich individuelle Variation entfaltet; sondern vielmehr eine dynamische Kraft, die Ziele setzt und Ressourcen und Anreize für die stets erfindungsreiche Funktionsweise [im. Orig. *ever-inventive functioning*] von Spezies in ihrer Selbst-Proliferation zur Verfügung stellt« (ebd.: 36).

Der Fokus auf die ›Fittesten‹ in vielen Rezeptionen von Darwins Werk – gerade auch in den sozialdarwinistischen Adaptionen und Verkürzungen seines Denkens – sei irreführend, weil er suggeriere, es gebe ein ›bestes‹ Individuum für ein gegebenes Milieu. Dabei zeige Darwin im Gegenteil, dass Evolution als Prozess ohne Finalität und Teleologie verstanden werden müsse, als ein »fundamental offenes System, das auf eine Zukunft hinläuft, ohne Richtung, ohne das Versprechen eines bestimmten Ergebnisses, keiner Garantie für Fortschritt oder Verbesserung, sondern mit allen Zeichen einer inhärenten Proliferation und Transformation« (ebd.: 38).

Diese prinzipielle Offenheit und Kontingenz ist Grosz zufolge nicht auf biologische Prozesse beschränkt, sondern bestimmt auch die kulturelle Evolution (vgl. ebd.: 39). In ihrer Auseinandersetzung mit Darwin kommt sie zu dem Schluss, dass »Kultur nicht als Komplettierung von Natur, als ihre Kulmination oder ihr Ziel, gesehen werden kann, sondern vielmehr als verästeltes Produkt und Effekt einer Natur, die in ihren Techniken der Produktion und Selektion immer ungeheuerlich und der unerwarteten Expansion unendlich fähig ist« (ebd.: 43 f.). Natur kommt hier nicht als Grundlage oder Gegenüber von Kultur ins Spiel, sondern als elementare Voraussetzung und Ermöglichungsbedingung kultureller Produktion – als ein »Feld, auf dem Kultur sich ausarbeitet und entwickelt« (ebd.: 44). In diesem Sinne stehen Natur und Kultur einander nicht gegenüber oder sind durch ein Verhältnis der Über- bzw. Unterordnung gekennzeichnet, sondern sie konstituieren sich wechselseitig.

Die Logik der Selbst-Überwindung und Selbst-Transformation, die biologische und kulturelle Evolutionsprozesse gleichermaßen auszeichnet, stellt Grosz zufolge die konzeptuelle Grundlage für eine Neuausrichtung der feministischen Theorie und Praxis dar (vgl. ebd.: 40f.). Diese Revision besitzt für sie zwei Dimensionen. Die erste betrifft die Frage der feministischen Aneignung von naturwissenschaftlichen Wissensbeständen. Hier liege der Ertrag für den Feminismus nicht zuletzt in dessen Fähigkeit, sich unterschiedlichen Diskursen und disziplinären Wissensformen auszusetzen. Biologische Diskurse seien dabei nicht »›gefährlicher‹, ›ideologischer‹ oder ›irreführender‹ als andere« (ebd.: 40); vielmehr sei es notwendig, sich auf die Herausforderung durch diese Wissensbestände einzulassen, um traditionelle Markierungen und Grenzlinien feministischer Identität infrage zu stellen. Zweitens stellt Grosz die Potenziale ihrer proto-neomaterialistischen Lesart Darwins für einen feministischen Politikbegriff heraus (vgl. auch McNeil 2010). Die Betonung permanenten Wandels und relativer Offenheit evolutionärer Prozesse bei gleichzeitigem Bezug auf eine Vergangenheit, die sich in Körper eingeschrieben hat, werde der Geschichte antirassistischer und feministischer Kämpfe besser gerecht als eine statische und identitätsbasierte Analyse. Politische Transformation bestimmt Grosz vor diesem Hintergrund als »Versuch, die Möglichkeiten der Selbst-Überwindung in Individuen und Gruppen zu mobilisieren« (Grosz 2008: 41). In dieser Perspektive ist keine Gruppe lediglich passiv oder auf die Position der Unterdrückten festgelegt; vielmehr bringe die »Produktivität unterdrückter Gruppen« (ebd.: 42) Praktiken des Widerstands hervor, deren materielle Grundlage – diesen Punkt unterstreicht sie mit Darwin – die permanent stattfindenden Verschiebungen und gesellschaftlichen Mutationsprozesse sind.

Für Grosz stellt die Darwin'sche Konzeption von Evolutionsprozessen ein komplexes Verständnis von Wandel bereit, von dem die feministische Theorie und Praxis profitieren können. Sie macht deutlich, dass Prozesse des Werdens – ähnlich wie Braidotti greift auch Grosz auf das Deleuze'sche Theorem des *becoming* (Grosz 2011) zurück – »Öffnungen, Diversifikation, Bifurkation der Latenzen der Gegenwart« (Grosz 2008: 43) ermöglichen, die politisch artikuliert werden können. Als »becoming undone« (Grosz 2011) bezeichnet sie die Transformation von Spezies und Individuen »durch ein mehr und anders Werden als ihre Geschichten« (ebd.: 2) – eine Strategie der Selbst-Überwindung und der Gestaltung des Werdens, die gleichwohl auf ihre Vergangenheiten bezogen bleibt. Grosz zielt dabei auf die Erschließung mehr oder weniger offener Zukünfte durch Formen der Abweichung und kreative Praktiken: »die Generierung produktiver Monstrosität« (Grosz 2008: 43).[12]

Die Frage des Verhältnisses von Natur und Kultur beschäftigt Grosz mit einer anderen Schwerpunktsetzung auch in ihrer zuletzt publizierten Monografie *The Incorporeal. Ontology, Ethics and the Limits of Materialism* (2017). Darin zeichnet sie eine Genealogie philosophischer Beiträge nach, die idealistische und materialistische Positionen systematisch miteinander verbinden. Die Auseinandersetzung mit biologischem Wissen rückt hier auffällig in den Hintergrund. Das Konzept des »Inkorporealen« (im Orig. *incorporeal*) zielt darauf, den idealistischen Gehalt, oder besser: die nicht-materiellen, dynamischen Dimensionen des Materiellen, zu beschreiben, die diesem inhärent sind. Dabei will Grosz keinen »Anti-Materialismus« (Grosz 2017: 5) vertreten; vielmehr geht es ihr darum, »ein weitergehendes Verständnis der rahmenden Bedingungen von Materialität zu gewinnen, die selbst nicht materiell sein können« (ebd.). Ähnlich wie in ihrer Beschäftigung mit Darwin – nur sozusagen unter umgekehrten Vorzeichen – fragt sie nach den ideellen Komponenten von Materialität und Natur sowie den unkörperlichen Aspekten des Körperlichen. Sie zielt auf eine Art »Extramaterialismus« (ebd.), der einer Verengung materialistischen Denkens auf eine dualistische oder eine monistische Variante widersteht. Diese Operation soll verhindern, die ideellen, diskursiven Gehalte des Materiellen zu ignorieren oder zu marginalisieren, um demgegenüber »die Inhärenz von Idealität, Konzeptualität, Bedeutung, oder Orientierung, die in Beziehung zu Materialität als deren immaterielle und inkorporeale Bedingung bestehen bleibt« (ebd.), zu betonen.

Tano Posteraro (2017) hat zu Recht darauf hingewiesen, dass *The Incorporeal* eine inhaltliche Verschiebung anzeigt, auch wenn die Akzentuierung der Immanenz von Materialität und Idealität (oder Kultur) eine thematische Konstante in Grosz' Gesamtwerk darstellt. Grosz argumentiere nunmehr »für nichts Geringeres als eine Hinwendung zu allem, was *nicht* materiell ist, nicht um den Materialismus zurückzulassen, sondern eher um ihn zu komplettieren oder ihn vor sich selbst zu retten« (Posteraro 2017: o. S.; Hervorh. im Orig.). Dieses Anliegen führt Grosz auf eine Spurensuche in der philosophischen Ideengeschichte, in der sie Elemente einer »Onto-Ethik« (Grosz 2017: 1) bei den Stoikern sowie bei Nietzsche, Spinoza und Deleuze mit Positionen des Technikphilosophen Gilbert Simondon und des Wissenschaftsphilosophen Raymond Ruyer verbindet. Das Ergebnis dieser theoretischen Zusammenschau stellt für sie das »Inkorporeale« dar, das sie als den ethischen Gehalt des Ontologischen begreift. Damit möchte Grosz den Neuen Materialismus um einen »neuen Idealismus« (ebd.: 13) erweitern bzw. einen »*neue[n]* neue[n] Materialismus« (ebd.: 14; Hervorh. im Orig.) postulieren, in welchem Idealität als »Kraft der Orientierung anerkannt werden kann, als Bedingung für Materialität und als etwas, das der Materialität inhärent ist« (ebd.).

Das Inkorporeale ist demnach eine Art bedingende Inhärenz – es versieht das Korporeale mit Offenheit, Kreativität und Zukunftsgewandtheit und ist dessen implizite Voraussetzung (vgl. ebd.: 13). Ethik, verstanden als Ethologie oder Verhaltensökologie, ist vor diesem Hintergrund eine Form materiell-ideeller Selbstregulation und -produktion (vgl. ebd.: 44–53). Ähnlich wie für Braidotti folgt auch für Grosz aus dieser immanenten Kraft des Korporealen eine affirmative ethische Orientierung, die in den Dingen selbst angelegt sei und deren Kreativität, Entfaltung und Wandelbarkeit ermöglicht. Die Argumentation in *The Incor-*

poreal neigt allerdings im Widerspruch zu Grosz' programmatischem Anspruch dazu, dem Immateriellen eine Art ontologisches Primat zuzuschreiben, so dass die These einer wechselseitigen Konstitution von Korporealem und Inkorporealem nicht plausibel eingelöst wird (vgl. auch Varino 2018).

Die wiederkehrende Tendenz zur Vereinseitigung trotz einer komplexen anti-dualistischen Theoriearchitektur beschreibt ein grundlegendes Problem der Arbeiten von Grosz. Einerseits fokussiert sie konsequent Prozesse der Ko-Produktion und die Gleichursprünglichkeit natürlicher und kultureller Praktiken; andererseits fällt ihre Analyse immer wieder in einen impliziten Dualismus zurück, der entweder dem Materiellen (im Rahmen der Darwin-Lesart) oder dem Ideellen (im Falle des Inkorporealen) eine prinzipielle Offenheit und transformative Potenz zuschreibt. In den Arbeiten zu Darwin erscheint Natur als Bedingung von Kultur, in den Veröffentlichungen zum Inkorporealen tritt an die Stelle der Eigensinnigkeit evolutionärer Prozesse eine Art ideeller Rahmen, der als notwendige Voraussetzung des Materiellen fungiert und manchmal an eine autonome und vom Materiellen abgekoppelte Sphäre erinnert. Wie bei Braidotti (Kapitel 4) liegt der politische Akzent auf Aktivität und Gestaltung, was zu einer problematischen Abwertung des Reaktiven führt und den Dualismus von aktiv und passiv ungebrochen fortschreibt. Darüber hinaus kann die affirmative Lesart des evolutionstheoretischen Wissens dessen Deutungsoffenheit und Ambivalenzen, insbesondere die teleologischen, essenzialistischen und rassistischen Anschlüsse an Darwins Schriften, nicht angemessen erfassen. Dass eine neomaterialistische Aneignung naturwissenschaftlicher Wissensbestände auch eine stärker negativ-destruktive Wendung nehmen kann, zeigen die Arbeiten von Elizabeth Wilson, die wir im nächsten Unterkapitel vorstellen.

5.2 Von der Psychosomatik zur radikalen Negativität

Wie Grosz fordert Wilson in ihren Veröffentlichungen seit den 1990er Jahren eine intensivere Auseinandersetzung feministischer Arbeiten mit biologischem Wissen (vgl. Wilson 1998; 2004; 2015). Auch Wilsons neomaterialistische Position sieht eine Kontinuität zwischen biologischen Prozessen und sozialen, kulturellen und psychischen Phänomenen (vgl. Wilson 1999: 7). Während Grosz philosophische Argumente mobilisiert und den Fokus auf theoretisch-konzeptuelle Fragen legt, betont Wilson nachdrücklich die Notwendigkeit eines stärkeren Einbezugs naturwissenschaftlicher Forschungsdaten und empirischer Studien in die feministische Theorie und Praxis. Zwar gehöre die Beschäftigung mit Körperlichkeit zu deren Kernbestand, allerdings seien die »traditionellen Diskussionen entschieden anti-biologisch« (ebd.: 8). Demgegenüber zielt Wilsons Gesamtwerk auf eine produktive Allianz von Biologie und Feminismus, um zu zeigen, dass körperliche Prozesse einer komplexen Materialität und Eigenlogik folgen.

In ihrer Monografie *Psychosomatic. Feminism and the Neurological Body* (2004) demonstriert Wilson die Fruchtbarkeit dieser Verbindung anhand ihrer Auseinandersetzung mit unterschiedlichen biologischen und neurowissenschaftlichen[13] Forschungsfeldern. Sie bezieht sich dabei vor allem auf die Psychopharmakologie, die Neurogastroenterologie, die Evolutionstheorie und die frühe Psychoanalyse. Im Zentrum der Buchveröffentlichung steht ihr Verständnis von Psychosomatik als »somatisches Entgegenkommen« (Freud 1971: 116 f.). Dessen Bedeutung diskutiert sie anhand des Krankheitsbilds der Konversionshysterie. Hierbei handelt es sich nach Freud um einen Komplex neurotischer Störungen, bei denen Abwehrmechanismen sich in somatische Ausdrücke wie beispielsweise Schmerzen, Lähmungen oder Zuckungen übersetzen. Wilson geht es mit dem Begriff des »somatischen Entgegenkommens« darum, eine Auffassung von Psychosomatik zu irritieren, welche davon ausgeht, dass das Somatische lediglich eine einfache Repräsentation des Psychischen oder dessen passive Einschreibefläche sei. Vielmehr weise das »Entgegenkommen« auf eine viel engere und wechselseitige Verknüpfung zwischen Physis und Psyche hin (vgl. Wilson 2004: 11–14).

Wilsons Auswahl des Krankheitsbildes der Hysterie stellt aber auch eine theoriepolitische Provokation dar, da kulturwissenschaftliche und wissenschaftshistorische Studien eindrücklich gezeigt haben, dass die Hysterie über Jahrhunderte hinweg als Grundlage misogyner Stereotype diente. Es ist jedoch gerade diese Form der Analyse und Kritik, der Wilson nur eine begrenzte Aussagekraft zuspricht. Erstens – hier weist sie die Ergebnisse der Untersuchung von Elaine Showalter (1987) zurück – würden somatische Symptome in dieser Lesart zur einfachen Chiffre einer Komplexität, die an einer anderen Stelle lokalisiert sei, nämlich in der Psyche oder im Gehirn. Es bleibe in dieser Perspektive also weiterhin bei einem kausalen Primat des Kognitiven. Zweitens ignoriere die feministische Literatur zum Themenfeld der Hysterie die Beiträge physiologischer Prozesse in Konversionen, reduziere diese auf den körperlichen Ausdruck psychischer Abwehr und reproduziere damit letztlich ein »eindimensionales Narrativ der Viktimisierung« (Wilson 2004: 6). Der hysterische Körper werde als passiv begriffen – das Trauma wirke einseitig auf den Körper, der gleichsam für die Psyche spricht und dem damit weder Substanz noch Eigensinn zukomme.

Demgegenüber knüpft Wilson an die Analysen von Hysteriker_innen bei Josef Breuer und Sigmund Freud an (vgl. ebd.: 9–13) und liest die psychoanalytischen Fallbeschreibungen *als* naturwissenschaftliche Daten, die etwas über das komplexe

Zusammenspiel von Körper und Psyche verraten. Sie konstatiert, dass in den somatischen Prozessen (wie Muskelkontraktionen und dadurch verursachten Schmerzen) sowie in den Konversationen im psychoanalytischen Setting, welche die körperlichen Beschwerden teilweise aufzulösen vermögen, »mehr geschieht als ontologische Addition« (Wilson 1999: 12). Körperlicher Schmerz, psychisches Trauma und psychoanalytische Therapie seien weniger drei in sich geschlossene Komponenten einer Formel denn ein komplexes Bündel ineinandergreifender Beziehungen. In dieser Betrachtungsweise werden etwa Muskeln nicht durch traumatische Ereignisse aktiviert, sondern Traumata *sind* muskulär; Muskeln und Erinnerungen sind in sich verwoben (vgl. ebd.: 12 f.).

Um das somatische Entgegenkommen zu plausibilisieren, diskutiert Wilson einen Fall männlicher Hysterie, den Freud in einer frühen Arbeit beschreibt (Freud 1987). Dieser betont in seiner Darstellung des Patienten den hysterischen Körper, also vor allem dessen Symptome, die sich in einer kompletten Taubheit des linken Armes ausdrückten. Wilson zufolge ist dieser Fall aus einer feministischen Perspektive nicht nur interessant, weil er die Zuschreibung des Hysterischen auf ›weibliche‹ Körper unterläuft, sondern auch aufgrund der von Freud herausgestellten wechselseitigen Durchdringung von Körper und Psyche. Für Wilson kristallisiert sich hier eine »Bio-Logik« (Wilson 1999: 15), die zeige, dass »Biologie natürlicherweise exzentrischer, in sich stärker übernatürlich« (ebd.) ist, als es ein neuro-zentrisches Körperbild zu fassen vermag. Das Potenzial einer solchen Perspektive liegt ihres Erachtens darin, die Konversion als ein Vermögen biologischer Materie – als ein »organisches Wandern« (ebd.) – zu verstehen: »Materie *ist* die Kapazität, sich zu verwandeln« (ebd.: 16; Hervorh. im Orig.). Gerade dann, wenn Freud (vermeintlich) biologistische Beschreibungen seiner Fälle liefere, prozessualisiere er die

Krankheitsbilder und Symptome, statt sie auf einen identitären Kern zu reduzieren (vgl. Wilson 2004: 3). Der Körper ist in dieser Konzeption, so Wilson weiter im Anschluss an Freud, als ein Netzwerk zu verstehen, das nicht bereits bestehende Entitäten miteinander verbindet, sondern die Relationen selbst als konstitutiv begreift. Ähnlich wie Barads Begriff der Intraaktion (siehe Kapitel 3), betont Wilson den performativen Charakter von Beziehungen, der »konstitutiv für ihre Bestandteile ist« (ebd.: 20).

Auch in ihren späteren Arbeiten und in ihrer Monografie *Gut Feminism* (2015) geht es Wilson um ein empirisch gesättigtes, feministisches Verständnis körperlicher Prozesse durch den Einbezug der Ergebnisse medizinischer Studien und biologischer Daten in die sozialwissenschaftliche Theoriebildung. Der Akzent liegt nun auf der Auseinandersetzung mit der Psychopharmakologie und der Bedeutung des Darmnervensystems für die Behandlung von Depressionen. In *Gut Feminism* bringt Wilson psychoanalytische Positionen mit Daten aus der Neuropsychologie, Ergebnissen biochemischer Studien sowie feministischer Theorie zusammen. Zentrale psychoanalytische Referenzen sind nunmehr Sándor Ferenczi, der die enge Verbindung von Psyche und Organen herausgestellt hat, und Melanie Klein, deren Arbeiten die genuine Ambivalenz von Objektbeziehungen hervorheben.

Besonderes Augenmerk legt Wilson auf die komplexen körperlichen Aufnahmeprozesse von selektiven Serotonin-Wiederaufnahmehemmern (SSRI), die regelmäßig zur Behandlung von Depressionen eingesetzt werden. Um die Wirkungsmechanismen dieser Psychopharmaka besser zu verstehen, bezieht sie sich auf Daten aus der Pharmakokinetik – jener Subdisziplin der Pharmakologie, die alle Prozesse der Verteilung und Verstoffwechselung beschreibt, also wie eine Arznei vom Körper aufgenommen, umgewandelt und ausgeschieden wird. Die Ergebnisse der pharmakokinetischen Studien zeigen grundlegende und vielschichtige Interaktionen von Substanz und Körper. Medikamente, so betont Wilson immer wieder, »arbeiten mit dem gesamten Körper« (Wilson 2008: 381). Ihre These ist, dass die Krankheit der Depression nicht einfach im Gehirn zu verorten ist, sondern sich im Körper ebenso verteilt, wie das Medikament unterschiedliche Organe anspricht. Wilson weist die Idee zurück, das Gehirn sei die alles dominierende Schaltzentrale des Körpers und der einzige Ort, an dem Serotonin gespeichert ist; vielmehr sei die Produktion und Verteilung dieses Wirkstoffes im Körper wesentlich vielfältiger, als es diese Vorstellung nahelegt. Pharmakokinetische Daten würden demnach eine Konzeption des Körpers stützen, die auch psychische Zustände als komplex verkörpert und darin »dynamisch und expansiv« (ebd.: 382) begreift (vgl. auch Wilson 2015: 99–106).

Dieses komplexe Verständnis der Depression hat Folgen für die Einschätzung der Wirksamkeit von Therapien. Wilson weist eine pauschale Ablehnung psychopharmazeutischer Therapien zurück, die in Teilen der feministischen Auseinandersetzung – besonders im Rahmen der Kritik an »Big Pharma« – verbreitet sei (vgl. Wilson 2015: 117–120). Die polarisierende Gegenüberstellung von Gesprächstherapie und medikamentöser Behandlung sei unproduktiv, da beide Phänomene als Übertragungsprozesse zu begreifen sind – als »unterschiedliche Angriffslinien in das gleiche bioaffektive System« (ebd.: 118). Wilson zufolge sind Medikationen fähig zu interpretieren, und Worte erzielen psychopharmakologische Wirkungen. Beide verändern das »Beziehungsgefüge der Patient_innen« (ebd.: 119), weshalb der Körper als durchlässig begriffen werden müsse. Weder sei die Beziehung zu einer Therapeut_in allein ein sozialer Prozess noch die Einnahme eines Medikaments eine rein biologische Intervention. In beiden Fällen handle es sich vielmehr um komplexe Interaktionsformen und dynamische Verkörperungspraktiken.

Neben der Weiterentwicklung ihrer Theorie des Körpers als durchlässiges metabolisches Netzwerk aus Organen, Synapsen und Substanzen gibt es einen zweiten wichtigen Einsatz der Monografie. Wilson begreift die von ihr analysierten körperlichen Prozesse keineswegs als ausschließlich harmonisch oder allein heilend. Im Anschluss an Derridas Auseinandersetzung mit der Ambivalenz des Pharmakons und unter Berücksichtigung der Ergebnisse der pharmakokinetischen Studien weist sie darauf hin, dass Heilung und Schaden eng beieinanderliegen (vgl. ebd.: 141–167). Stärker als in vorangegangenen Arbeiten distanziert sie sich von einem romantisierenden Bild von Biologie, Natur und Körperlichkeit. Der Akzent liegt nun auf der Theoretisierung von Schaden und Aggression. Damit verknüpft sie den theoretischen Anspruch, die Negativität biologischer Prozesse als zentrale Triebfeder feministischer Praxis zu begreifen. Das destruktive Moment soll hier bewahrt und nicht affirmativ gewendet oder neutralisiert werden (wie es etwa Braidottis Position nahelegt, die wir in Kapitel 4 vorgestellt haben). Wilson geht von einer radikalen Negativität aus, die »negativ *bleibt*« (ebd.: 6; Hervorh. im Orig.), das heißt die aggressive Dimension von Beziehungen nicht verleugnet und auch nicht darauf zielt, diese gänzlich zu überwinden. Ihr *Gut Feminism* hebt also die genuine Destruktivität und zersetzende Qualität feministischer Politik hervor, der »(wie aller Politik) eine intrinsische Feindlichkeit gegenüber den Objekten, Personen und Plätzen, die sie liebt, innewohnt« (ebd.: 176). Der aggressive Impuls des Feminismus richte sich nicht nur gegen Systeme der Ungerechtigkeit, sondern auch gegen Themen, Gegenstände und Beziehungsweisen, die Feminist_innen wertschätzen. Damit ist implizit eine feministische Selbstkritik der Kompliz_innenschaft mit unterdrückenden Systemen aufgerufen – also beispielsweise dem Problem, dass auch *weiße* Frauen von rassistischen und klassistischen

Verhältnissen profitieren, was vor allem intersektionale Ansätze immer wieder problematisieren. Wilson begreift die Aufgabe feministischer Theorie vor allem auch als Kritik an Verstrickungen mit politisch-ökonomischen Systemen und Selbstverhältnissen, die zu schmerzhaften Trennungen und Ablösungsprozessen führen können.[14]

In der Rezeption von *Gut Feminism* wurde Wilsons Vorschlag, das Prinzip der Negativität in eine Ontologie der Körper einzuschreiben und Aggression als konstitutiv für feministische Politik zu verstehen, überwiegend positiv aufgenommen (vgl. etwa Rubin 2018). Obwohl ihre Ausführungen dazu zweifellos überzeugend über affirmative Verengungen in anderen neomaterialistischen Ansätzen hinausgehen, sind sie jedoch unterentwickelt und unscharf. In welcher Weise Wilsons These einer genuinen biosozialen Negativität sich »pragmatisch und philosophisch« (Berkhout und Jaarsma 2016: o.S.) in konkrete feministische Politiken überführen lässt, bleibt weitgehend offen. Wie die feministische Theorie und Praxis Momente der Feindschaft, Destruktivität und Aggression aufnehmen und integrieren sollte, ist eine zentrale Frage, die Wilson in *Gut Feminism* aufwirft, ohne sie abschließend zu beantworten.

Allerdings bleibt festzuhalten, dass Wilson deutlich stärker als Grosz und viele andere feministische Autor_innen das Versprechen der Transdisziplinarität in eine neomaterialistische Methodologie übersetzt, die sich nicht nur auf philosophischer Ebene mit naturwissenschaftlichen Erkenntnissen auseinandersetzt, sondern empirische Studien und deren Ergebnisse für die eigene Forschungspraxis berücksichtigt. Der Imperativ, keine »konzeptuellen Monokulturen« (Wilson 2015: 171) hervorzubringen, speist sich aus der produktiven Hybridisierung disziplinärer Kulturen und der Zusammenführung unterschiedlicher Wissensbestände. Diese Verknüpfungsleistung – und hierin liegt die Stärke und Originalität ihres Ansatzes – lässt die ausgewählten Daten und Theorien nicht unberührt: »Biologie und feministische Theorie zusammenzubringen heißt, dass beide in der Begegnung bis zu einem gewissen Grad aufgelöst [im Orig. *undone*] werden.« (Ebd.) Transdisziplinarität ist in diesem Sinne kein Selbstzweck, sondern ermöglicht einen Ablösungs- und Neuformierungsprozess. In solchen Transformationen liegt dabei immer auch ein aggressiver und destruktiver Impuls, der an die Stelle harmonischer (R)Einheit die Produktion »dissonanter Allianzen« (ebd.: 172) treten lässt.

5.3 Wissenschaft als Grundlage und Gegenstand neomaterialistischer Analysen

Die vorgestellten Arbeiten von Grosz und Wilson machen naturwissenschaftliches Wissen in ganz unterschiedlicher Weise für eine Neufassung von Materialität und Körperlichkeit fruchtbar. Während Grosz sich auf die Aneignung und Umdeutung einzelner Konzepte und Theorien konzentriert, besonders der Darwin'schen Evolutionstheorie, versammelt Wilson disziplinär unterschiedlich verortete empirische Wissensbestände, die sich in der Konfrontation miteinander verändern. Sie weist auf die spannungsreiche Qualität der Verbindungen disparater Wissensformen hin, in deren Begegnung etwas Neues entsteht, und legt ein konsequent prozessontologisches Verständnis von Körpern, Krankheiten und Identitäten zugrunde. Gelangt Grosz mit ihrer Darwin-Lektüre zu einem affirmativ-produktiven Verständnis feministischer Politik, betont Wilson in ihrer Arbeit umgekehrt die grundlegende Bedeutung negativer und destruktiver Momente. Die Art und Weise, wie neomaterialistische Autor_innen naturwissenschaftliche Wissensbestände mobilisieren, unterscheidet sich also ähnlich deutlich wie die Konsequenzen dieser Aneignungsprozesse.

Jenseits dieser offensichtlichen Differenzen existiert bei den hier besprochenen Autorinnen wie auch bei anderen Neomaterialist_innen allerdings eine auffällig einheitliche Abgrenzungsfolie, die identitätsstiftend für die unterschiedlichsten Positionen ist. Sara Ahmed argumentiert in einem einflussreichen Artikel, dass Vertreter_innen der Neuen Materialismen gegenüber der feministischen Tradition regelmäßig den Vorwurf der »Biophobie« (Ahmed 2008: 28) oder des »Anti-Biologismus« (ebd.: 23) erheben. Sie zeichneten eine »Karikatur des Poststrukturalismus als Materie-feindlich« (ebd.: 34) und tendierten dazu, die reiche Geschichte feministischer Auseinandersetzungen mit Natur und Biologie zu negieren. Ahmed kritisiert, dass neomaterialistische Autor_innen fälschlicherweise suggerieren, es gebe »Sprechverbote« in der feministischen Debatte, um sich im Sinne eines »heroischen und einsamen Kampfes gegen die kollektiven Verbote früherer Feminismen« (ebd.: 32) zu profilieren – ohne allerdings die Einsichten der feministischen Wissenschafts- und Technikforschung und die Beiträge feministisch-poststrukturalistischer Theorien angemessen zu würdigen.

Eine solche Tendenz zur Ignoranz lässt sich bei Grosz feststellen, deren theoretische und naturwissenschaftliche Quellen fast ausschließlich die *weiße* männliche philosophische Tradition zitieren (ebd.: 30). Hingegen finden bei Wilson feministische Analysen (etwa der Hysterie) sehr viel mehr Beachtung, und es geht ihr stärker um transdisziplinäre Irritationen und ein wechselseitiges Lernen voneinander. Wie Noela Davis in einer Replik auf Ahmeds Artikel herausgearbeitet hat, liegt der Einsatzpunkt der neomaterialistischen Kritik weniger darin, dass Feminismen sich nicht mit dem Biologischen auseinandergesetzt hätten, sondern darin, wie dies geschehen ist. Statt »das Biologische und das Soziale konzeptuell zu trennen« (Davis 2009: 70), weisen Wilson und andere Neomaterialist_innen eine solche

Gegenüberstellung zurück und suchen Wege, deren konstitutive Verschränkungen und kontingente Prozessmuster zu analysieren. In dieser Hinsicht werden Beziehungen weniger als Interaktionen von sozialen und biologischen Faktoren in einem als homogen und abgeschlossen vorgestellten menschlichen Körper verstanden denn als immer schon verwobene sozio-materielle Prozesse, deren komplexes Zusammenspiel erst Körper und Krankheitszustände hervorbringt. Trotz dieser Differenzierung bleibt festzuhalten, dass eine Reihe neomaterialistischer Arbeiten es versäumt, die eigene Wissensproduktion im Hinblick auf die umfangreiche feministische Auseinandersetzung mit naturwissenschaftlichen Wissensbeständen zu verorten, um stattdessen eher den Bruch mit dieser Traditionslinie zu markieren.

Die Tendenz zu einer radikalen Neuakzentuierung führt zu einem weiteren Problem. Während insbesondere die feministische Wissenschafts- und Technikforschung darauf zielt, die Souveränität erkenntnistheoretischer Wahrheitsansprüche zu destabilisieren, um die Lokalität und Kontextgebundenheit der Wissensproduktion aufzuzeigen, operieren einige neomaterialistische Arbeiten mit einem autoritativen und universellen Konzept von Wissenschaft. Der Schwerpunkt liegt auf wissenschaftlichen ›Durchbrüchen‹ und ›Entdeckungen‹, die dann als Fundament oder Grundlage für eine Reaffirmation des Materiellen dienen. Wie wir gesehen haben, gilt dies ebenso für die Bohr'sche Quantenmechanik im agentiellen Realismus wie für die Biologie des frühen zwanzigsten Jahrhunderts in Bennetts vitalem Materialismus (Lettow 2017: 109–111). Für die Philosophin Catherine Malabou, deren Arbeiten besonders an die Neurowissenschaften anschließen, eröffnen »die revolutionären Entdeckungen der Molekular- und Zellbiologie« (Malabou 2016: 431) neue politische Horizonte. Nach dieser Lesart ermöglichen die jüngsten Fortschritte in der Epigenetik und der regenerativen

Medizin »einen Widerstand der Biologie gegen die Biopolitik« (ebd.: 438), da sie bisher unbekannte Formen der Transformation und Neuprogrammierung von Körpern aufzeigen. Dieser »überraschend szientistische« (Willey 2016: 998) Analyserahmen in der neomaterialistischen Literatur fördert allzu vertraute Narrative des wissenschaftlichen Fortschritts und erneuert traditionelle erkenntnistheoretische Wahrheitsansprüche, anstatt ihre Entstehungs- und Stabilisierungsbedingungen herauszuarbeiten. Wissenschaftliches Wissen dient dabei als eine selbstverständliche, wahre und unwiderlegbare Grundlage für die Formulierung ontologischer und politischer Programme, während sein umstrittener und provisorischer Status nur selten anerkannt oder analysiert wird (vgl. Fitzgerald und Callard 2015: 9–11; Braun 2015: 3f.).

Diese positivistische Tendenz innerhalb der Neuen Materialismen sieht auch Wilson selbst, die sich besorgt zeigt, »dass es jetzt eine Tendenz gibt, [...] sich auf eine sehr wörtliche Art und Weise auf die Seite der wissenschaftlichen Daten zu stellen. Es gibt in den Geisteswissenschaften eine wachsende Leichtgläubigkeit gegenüber den Daten, die uns wissenschaftliche Untersuchungen vorlegen. Ich habe festgestellt, dass dies besonders ausgeprägt in der Literatur zu den Neuro-Humanities ist, die bestimmte Behauptungen über die neurologische Funktion von Mensch und Tier als Evangelium begreift.« (Kirby und Wilson 2011: 233) Diese Feststellung schließt freilich eine produktive Aneignung von und Arbeit mit naturwissenschaftlichen Wissensbeständen nicht aus. Diese muss allerdings das Postulat der Situierung von Wissen ebenso ernst nehmen wie die wechselseitigen Irritationen, die Dialoge zwischen Natur- und Sozialwissenschaften hervorbringen.

6. Die Frage der Ökologie: Donna Haraway

Viele neomaterialistische Autor_innen beziehen sich auf die aktuellen ökologischen Krisen und schlagen vor, Mensch-Natur-Verhältnisse neu zu fassen. Dabei variieren ihre Zielvorstellungen und Schwerpunktsetzungen beträchtlich. Während etwa Jane Bennett (Kapitel 2) und Rosi Braidotti (Kapitel 4) durch das Programm einer vital-materialistischen Ökologie respektive die Potenziale einer posthumanen Subjektivität nachhaltigere Produktions- und Konsumptionsformen erreichen wollen, stellt die objektorientierte Ontologie (Kapitel 1) die Unverfügbarkeit und den Eigensinn von (Hyper-)Objekten wie dem Klimawandel heraus und lässt so Visionen politischer Gestaltung obsolet erscheinen. Noch expliziter wird die ökologische Frage in neomaterialistischen Arbeiten adressiert, die speziesübergreifende, symbiotische Formen der Ko-Evolution zusammen mit politisch-ökonomischen Weltverhältnissen für eine umfassende Analyse der Gegenwart in den Blick nehmen. Grundlegend ist dabei vor dem Hintergrund der Debatten um das Anthropozän das Anliegen, eine relational-ontologische Perspektive für ökologische Problemstellungen fruchtbar zu machen. Dabei geht es auch darum, die ethischen Konsequenzen der Ko-Existenz heterogener Spezies zu explizieren und Ansatzpunkte für politische Transformationsprozesse auszuweisen (vgl. auch Shotwell 2016; Hoppe 2020).

Gemeinsam ist diesen neomaterialistischen Arbeiten die Einsicht, dass Organismen nicht als isolierte und diskrete Entitäten in der Welt, sondern vielmehr als »naturkulturelle« (Haraway 2016: 9) Komplexe zu begreifen sind. Menschen existieren demzufolge nicht jenseits anderer Spezies und unabhängig von ihnen, sondern sind von diesen durchdrungen und stehen mit ihnen in wechselseitigen Abhängigkeitsbeziehungen. Es sind diese Interdependenzverhältnisse, die menschliche Existenz überhaupt erst ermöglichen: »Menschliche Natur ist eine Angelegenheit zwischen Spezies.« (Tsing 2012: 141) In dieser Hinsicht werden Kompost, Tauben oder Hunde (Haraway 2016; 2018b), Matsutake-Pilze (Tsing 2018), Krähen (van Dooren 2016) oder der Erdboden (Lyons 2020) zu Bezugspunkten eines relational-ontologischen Projekts, das auf eine doppelte Neufassung des Ökologischen zielt. Zum einen soll das zugrunde gelegte Ökologieverständnis die Möglichkeit schaffen, speziesübergreifende Gefüge in ihren heterogenen Wirkmächtigkeiten zu untersuchen, ohne einen harmonischen Gesamtzusammenhang oder einen grundlegenden Gleichgewichtszustand vorauszusetzen. Zum anderen findet eine ›Entnaturalisierung‹ des Ökologiebegriffs statt, der nun nicht mehr allein biologische Prozesse zwischen Organismen sowie zwischen ihnen und ihrer Umwelt umfasst, sondern systematisch auch kulturelle und soziale Praktiken einschließt, um die mehr-als-natürlichen Beziehungen zu erfassen, die die Welt ausmachen.

Innerhalb der neomaterialistischen Debatten zur ökologischen Frage nehmen Donna Haraways Schriften eine Schlüsselstellung ein. Ihre (frühen) Arbeiten werden vielfach als wegweisend für die Entstehung und Entwicklung der Neuen Materialismen begriffen (vgl. etwa Åsberg 2010; Holland-Cunz 2014: 126–129; Berg 2019). Von besonderer Bedeutung ist die berühmt gewordene Figur der Cyborg, mit der Haraway eine entschiedene Entromantisierung des Naturbegriffs einforderte. Die damit verknüpfte These, ›Natur‹ sei kein Ursprung, zu dem zurückzukehren wäre, sondern vielmehr durchdrungen von Technologien und kulturellen Praktiken, richtete sich nicht zuletzt gegen einige ökofeministische Positionen der 1970er und 1980er Jahre, die sich an einem harmonistischen Naturkonzept orientierten. Im Folgenden werden wir Haraways Beitrag zu einem neomaterialistischen Ökologiekonzept näher vorstellen. Dabei zeigen wir zunächst die zentrale Rolle des Cyborg-Konzepts auf, verorten dieses aber systematischer in einer thematischen Kontinuität innerhalb von Haraways Gesamtwerk, als dies üblicherweise geschieht (6.1). Das darauffolgende Unterkapitel skizziert Haraways Überlegungen zu einer post-anthropozentrischen Ethik und die darin angelegte Idee einer affirmativen Biopolitik, die für die neomaterialistische Ökologiedebatte besonders wichtig geworden sind (6.2). Abschließend nehmen wir eine Würdigung dieser Arbeiten vor und skizzieren Anschlusslinien und Kritiken (6.3).

6.1 Von der Cyborg zur Gefährt*innenspezies

Auf die Frage, welche biopolitischen Denkbewegungen sie am meisten geprägt haben, nennt Haraway in einem Interview neben Studien, die an Michel Foucaults historisch-genealogische Arbeiten anschließen, und feministischen Positionen in Gesundheits- und Ökologiebewegungen »ein nicht peinlich berührtes Denken mit der und durch die Liebe zur Natur« (Wolfe und Haraway 2016: 265). Diese Einschätzung mag überraschen, da Haraway vielen bis heute als eine der rigorosesten Kritiker_innen des Naturbegriffs und der Technikfeindlichkeit klassischer Ökofeminismen gilt, insbesondere aufgrund ihres berühmten Artikels *Ein Manifest für Cyborgs. Feminismus im Streit mit den Technowissenschaften*, der erstmals 1985 erschien. Allerdings stellt der Text nur die Variation eines Themas dar, das Haraways Arbeiten seit den 1980er Jahren prägt: das komplexe Zusammenwirken und die wechselseitige Hervorbringung menschlicher und nicht-menschlicher Entitäten. Werkübergreifend arbeitet sie an einer alternativen Vorstellung von Natur, die diese nicht als rein und passiv begreift, sondern ihre Aktivität und Hybridität hervorhebt.

Das Cyborg-Manifest setzt sich mit dem Problem politischer Handlungsfähigkeit in einer Welt auseinander, die grundlegend von den Technowissenschaften geprägt ist. Der Begriff der Cyborg – eine Zusammenführung von Kybernetik und Organismus – steht zunächst für die zunehmende empirische Verflechtung von Mensch und Maschine in gegenwärtigen technowissenschaftlichen Praktiken (vor allem in der Informatik, den Biowissenschaften, industriellen Produktionsprozessen und der Kriegführung). Für Haraway lassen sich diese Entwicklungen auf eine neue Herrschaftsformation zurückführen, die über informationelle Netzwerke operiert und andere Formen der Verschaltung von Körpern und Technologien hervorbringt. Gleichzeitig ermöglicht diese »Informatik der Herrschaft« (Haraway 1995a: 48) aber auch die Entwicklung neuer Felder feministischer Politik und alternativer Selbstverhältnisse jenseits der Vorstellung eines souveränen und männlich konnotierten Subjekts. In dieser Hinsicht repräsentiert die Cyborg die Auflösung etablierter Grenzziehungen: zwischen Mensch und Tier, Maschine und Organismus, Materiellem und Immateriellen. Dabei geht es Haraway nicht nur um die gegenwartsdiagnostische Beobachtung, dass Menschen zunehmend engere Beziehungen mit Technologien eingehen und vermeintlich stabile (Körper-)Grenzen sich aufzulösen beginnen, sondern auch darum, gesellschaftsverändernde Potenziale auszuweisen. Für Haraway sind Cyborgs »ebenso Geschöpfe der gesellschaftlichen Wirklichkeit wie der Fiktion« (ebd.: 33). In dieser Lesart verweisen sie nicht nur auf faktisch vorhandene Prozesse, sondern stellen auch eine Ressource der Imagination und des praktischen Experimentierens dar, die eine materialistische Analyse um spekulative – über die Wirklichkeit hinausweisende – Elemente erweitert.

Haraways Cyborg-Ontologie zielt darauf, sozialkonstruktivistische ebenso wie klassisch-realistische Perspektiven hinter sich zu lassen. Ihr zufolge halten beide wissenschaftstheoretischen Positionen an einer prinzipiellen Unterscheidung und Trennung von Kultur und Natur fest. An die Stelle solch vorgängiger Dualismen müsse demgegenüber die je konkrete Situation der »Verschaltung« (ebd.: 51) treten, in der Praktiken und die durch sie vollzogenen Grenzziehungen Subjekte und Objekte erst hervorbringen. Die Cyborg markiert demnach weniger die Diagnose einer Implosion aller Grenzen als die These der Spezifizität und Komplexität von Verwobenheiten, die quer liegen zu den klassischen Oppositionen zwischen Natur und Kultur oder Mensch und Maschine. Haraway nutzt den Begriff des Materiell-Semiotischen, um – ähnlich wie die Idee materiell-diskursiver Praktiken bei Karen Barad (Kapitel 3) – die Untrennbarkeit von Wissensformen und Realität erzeugenden Praktiken konzeptuell zu fassen (vgl. Barla 2019: 101–124). Erkenntnisproduktion als materiell-semiotische Praxis zu verstehen heißt, Subjekt *und* Objekt des Wissens als wirkmächtig und miteinander verschränkt zu begreifen. Die analytische Aufmerksamkeit richtet sich dann weniger auf Geistesblitze oder Geniestreiche denn auf »Apparate körperlicher Produktion« (Haraway 1995b: 91), da jedes Sehen verkörpert ist und von mannigfaltigen Praktiken und materiellen Artefakten abhängt.

Haraways 2003 veröffentlichtes zweites Manifest, das in der deutschen Übersetzung den Titel *Das Manifest für Gefährten. Wenn Spezies sich begegnen – Hunde, Menschen und signifikante Andersartigkeit* (2016) trägt, führt eine Reihe dieser Thesen inhaltlich weiter und bereichert sie konzeptuell. Das Buch kann als Auftakt ihrer intensiven Beschäftigung mit dem Problem der Ko-Evolution und den vielfältigen, konstitutiven Beziehungen zwischen Menschen, Hunden und anderen Spezies gelesen werden. Obwohl die Erstpublikation dieses Textes mittlerweile fast zwanzig Jahre zurückliegt, ist seine Rezeption im Unterschied zum Cyborg-Manifest nach wie vor recht verhalten. Feministische Theorie ausgehend von Hunden zu denken hat viele Interpret_innen irritiert und befremdet. So konstatierte etwa Karin Harrasser (2011: 457), »die Cyborg als Politik- und Erkenntnismodell« sei ihr »näher, als der Hund, auf den Haraway inzwischen gekommen ist«. Dieser Lesart zufolge ist Haraway von wichtigen Einsichten abgerückt und hat sich von ihren herrschaftskritischen Analysen zugunsten von romantisierenden Erzählungen über Mensch-Hunde-Beziehungen verabschiedet (vgl. auch Hayles 2006; Cassidy 2006).

Anders als diese dominante Rezeptionslinie nahelegt, sind das zweite Manifest und daran anschließende Arbeiten jedoch weniger als Bruch mit ihren früheren Thesen zu begreifen denn als ontologische und ethische Konkretisierung. Ausgehend von der Analyse der mannigfaltigen Beziehungen zwischen Menschen und Hunden entwickelt Haraway im zweiten Manifest und in ihrer Monografie *When Species Meet* (2008) die Ontologie der Gefährt*innenspezies. Das Konzept der Gefährt*innenspezies zielt weniger auf die Art und Weise, wie Menschen und (domestizierte) Tiere zusammenleben, als auf die Beschreibung der spezifischen Verfasstheit der Welt. Wie durch ein Brennglas fokussiert die Betrachtung der Komplexität und Historizität von Mensch-Hund-Beziehungen das ontologische Primat von Relationen. Die wichtigste Annahme dieser radikal relationalen Ontologie liegt darin, dass Körper und Entitäten überhaupt erst *in* und *durch* Beziehungen entstehen:

> »Sie [die Wesen; im Orig. *Beings*] existieren nicht vor ihren Verhältnissen und Beziehungen. [...] Die Welt ist ein Knoten in Bewegung. [...] Es gibt keine unabhängig existierenden Subjekte und Objekte und keine einzelnen Ursprünge, einheitliche Akteur*innen oder abschließende Ziele. [...] Ein Bestiarium der Handlungsmächte, Bezugsarten und Zeitpartituren übertrumpft sogar die Vorstellungen der wunderlichsten [im Orig. *most baroque*] Kosmolog*innen. Für mich stehen die *Spezies der Gefährt*innen* für genau dies.« (Haraway 2016: 12f.; Hervorh. im Orig.)

Haraway nimmt damit den Faden einer Hybridisierung und Verschaltung von Entitäten aus dem Cyborg-Manifest auf, verlagert jedoch den Akzent auf ontologische Fragen. Der Fokus der Analyse verschiebt sich von Informations- und Biotechnologien und der Verwischung der Grenzen zwischen Organischem und Anorganischem hin zur »irreduziblen Multiplizität aller lebenden Wesen, *Homo sapiens* genauso wie andere Spezies, die miteinander verwoben sind« (Haraway 2008: 79). Die Ontologie der Gefährt*innenspezies bezeichnet also nicht fest umrissene Arten und starre Zustände, sondern sensibilisiert für kontingente und zukunftsoffene Beziehungen der Ko-Konstitution und Ko-Evolution, in denen Entitäten, Körper und Bedeutungen in ihrem dynamischen Zusammenwirken entstehen. Diese ontologischen Relationen machen für Haraway die Welt aus – und sie bestimmen, was (nicht) ist *und* was sein kann. Anders als im Cyborg-Manifest geht es nicht so sehr um die Feststellung eines Hybridwerdens der Welt, die durch unterschiedliche Verschaltungen gekennzeichnet ist, sondern um die relational-ontologische Einsicht in ein konstitutives Mit-Werden (Orig. *becoming-with*), das sich je unterschiedlich materialisiert. Die Ontologie der Gefährt*innenspezies markiert die Abwendung von einem Netzwerkbegriff, der bereits existierende Entitäten miteinander verknüpft. Speziesübergreifende Gefüge beschreibt Haraway nun – im Anschluss an die Evolutionsbiologin Lynn Margulis (1998) – zunehmend als symbiogenetische Zusammenhänge:

> »Wenn das ›Cyborg-Manifest‹ die Kopplungen von kybernetischen Systemen und Organismen betrachtet, sagt das ›Manifest für Gefährt*innenspezies‹: ›Warte mal ne Minute, die Entität, die wir sind, ist das Resultat eines symbiogenetischen Tuns.‹ Wir sind sympoietische Systeme, wir werden-mit, unerbittlich. Es gibt kein Werden, es gibt nur Mit-Werden.« (Wolfe und Haraway 2016: 221)

Die These einer Heterogenität von Körpern und Subjekten erfährt hier eine Zuspitzung, die deren ontologische Durchdrungenheit vom Anderen auf einer speziesübergreifenden Ebene konzeptionalisiert. Als sympoietische, das heißt als gemeinsam gestaltende und werdende Systeme erzeugen sich Entitäten weder selbst noch reproduzieren sie sich aus sich heraus; sie sind vielmehr Produkt eines *gemeinsamen* Gestaltens und Seins (vgl. auch Dempster 2000; Folkers und Opitz 2019). In diesen Arbeiten wird auch das ökofeministische Motiv der Verbundenheit rehabilitiert – eine Verbundenheit, die allerdings nicht allein auf Naturverhältnisse bezogen bleibt, sondern das Werden mit heterogenen Anderen beschreibt. Statt eine Rückkehr zu einer ursprünglich harmonischen Natur zu imaginieren, dient Haraways Begriff der Symbiose und des sympoietischen Werdens dazu, die potenzielle Destruktivität dieser Verbindungen theoretisch zu erfassen. Nicht alle symbiotischen Verbindungen sind von wechselseitigem Vorteil oder produktiv, vielmehr schließen sie beispielsweise auch schädliche oder parasitäre Beziehungen ein. Haraway lässt indes keinen Zweifel daran, dass es notwendig ist, sich gerade mit den ambivalenten und destruktiven Dimensionen von Relationen analytisch wie ethisch auseinanderzusetzen.

6.2 Eine post-anthropozentrische Ethik des Antwortens

Um den Ambivalenzen des Mit-Werdens gerecht zu werden, hat Haraway in ihrem Spätwerk eine post-anthropozentrische Ethik des Antwortens ausgearbeitet. In ähnlicher Weise wie Barad schließt sie an die philosophischen Arbeiten von Emmanuel Levinas (1987) und Jacques Derrida (2000) an, um eine Reformulierung des Verantwortungsbegriffs zu erarbeiten, die auf die Kultivierung einer Fähigkeit des Antwortens (Orig. *response-ability*) zielt (vgl. Haraway 2008: 70 f.). Levinas und Derrida begreifen Ethik nicht als normativen Regelkatalog, sondern fassen die ethische Beziehung zum Anderen als Grundlage für Subjektivierungsprozesse und ethische Selbstverhältnisse. Hierbei wird der ethische Selbstbezug jeweils in Beziehungen zum Anderen ausgestaltet, indem Antworten auf dieses Andere gefunden werden. Dabei geht das Subjekt der Beziehung des Antwortens nicht voraus, sondern konstituiert sich in und durch diese Beziehung. Aus diesem Grund bleibt die ethische Praxis auch eine unabschließbare Aufgabe, weil der oder das Andere nie gänzlich fassbar oder identifizierbar ist (Derrida 1998: 287). Haraway fragt nun – freilich expliziter als Derrida, auch wenn für ihn die Begegnung mit seiner Katze ebenfalls die ethische Frage nach dem Tier aufwarf (Derrida 2010) –, in welcher Weise dieser Imperativ zur Antwort gerade auch dann praktisch wird, wenn es sich um ein nicht-menschliches Anderes handelt. Was bedeutet es, »dem schieren Nicht-Wir« (Haraway 2018b: 81) zu begegnen? Wie lässt sich eine ethische Praxis des Antwortens einüben, welche die Unverfügbarkeit des Anderen anerkennt?

Anhand von Begegnungen mit ihrem Hund untersucht Haraway, wie eine ›gute‹ Antwort auf das Andere ausfallen könnte. Ihre These ist, dass in Beziehungen etwas wie *»signifikante Andersartigkeit*« (Haraway 2016: 14; Hervorh. im Orig.) entstehen kann. Signifikant wird die Begegnung mit Anderen, wenn das gemeinsame Werden als geteiltes Problem erkennbar und gestaltbar wird, es also gelingt, sich dem Anderen zu stellen, ohne es zu vereinnahmen. Im Gegensatz zu einem Verantwortungsbegriff, der allein in Zurechenbarkeit aufgeht, sucht Haraway mit dem Konzept des Antwortens eine ethische Haltung zu beschreiben, die ihre Maßstäbe nicht voraussetzt, sondern situativ generiert und kritisch zur Debatte stellt. Die Fähigkeit des Antwortens als ethische Haltung zu praktizieren bedeutet für sie, sich der Welt auszusetzen, ein Sich-Einlassen auf konkrete Begegnungen mit radikal Anderen:

»Kurz gesagt ist die Hauptanforderung an den Menschen eben genau das, wovon die meisten von uns nicht einmal wissen, dass wir nicht wissen, wie es geht – wahrzunehmen [im Orig. *to wit*], zu erkennen, wer die Hunde sind, und zu hören, was sie uns erzählen – nicht in blutarmer Abstraktion, sondern in Eins-zu-Eins-Beziehungen zwischen Gegenübern, in miteinander verbundener Andersartigkeit.« (Haraway 2016: 55)

Haraway zufolge ist es in ethischen Begegnungen notwendig, das Andere in seiner Andersheit zu respektieren, aber dennoch neugierig zu sein auf dessen Singularität und Situiertheit in der Gegenwart, die aus einer komplexen Vergangenheit hervorgeht und auf die Zukunft verweist. Es gilt, eine Praxis des Fragens auszubilden, die es ermöglicht, jene konstitutiven Beziehungen zu beschreiben, die ›uns‹ und ›das Andere‹ (aus)machen. Diese Verantwortungsethik geht sowohl über einen individualistischen Voluntarismus als auch über normativistische Verengungen hinaus.

Von besonderer Bedeutung ist, dass Haraways Ontologie der Gefährt*innenspezies und ihre Ethik des Antwortens die destruktiven Aspekte gemeinsamen Werdens unterschiedlicher Spezies in ihre Konzeption einbezieht. ›Leben‹ als ökologischer –

oder mit Margulis: symbiotischer – Prozess ist von Praktiken des Sterbens, aber auch des Tötens nicht zu trennen. Daher skizziert Haraway eine affirmative Biopolitik, die thanatopolitische Elemente integriert. Für ein gelingendes speziesübergreifendes Zusammenleben gelte es, Beziehungen des Lebens, Sterbens und Tötens anders zu gestalten: »Ich denke, einer affirmativen Biopolitik geht es um Endlichkeit, und um besseres Leben und Sterben« (Wolfe und Haraway 2016: 227). Eine ethische Praxis des Antwortens müsse anerkennen, dass »sterben und töten nicht optional sind« (Haraway 2008: 74). Haraway betrachtet die konstitutiven Beziehungsgefüge demnach konsequent als disharmonische Zusammenhänge und lotet aus, wie sich im Rahmen der unhintergehbaren Relationalität und Kontingenz »verantwortliches Töten« (ebd.: 81) praktizieren ließe. Es sei ein »Fehler so zu tun, als lebte man außerhalb des Tötens. Dieselbe Art des Fehlschlusses hat Freiheit nur in der Abwesenheit von Arbeit und Notwendigkeit gesehen« (ebd.: 79). Vor diesem Hintergrund argumentiert Haraway gegen eine »Pose der Unschuld« (Haraway 2016: 111); vielmehr sei es notwendig, *mit* Endlichkeit und der Unausweichlichkeit destruktiver und gar tötender Beziehungen besser zu leben (vgl. auch Hartmann und Hoppe 2020). Deswegen geht es ihr auch nicht nur um ein Antworten auf die Welt in ihren mannigfaltigen Materialisierungen, die manchmal katastrophische Formen annehmen, sondern auch um ein Antworten *mit* der Welt – ein Arbeiten mit den weltlichen Beziehungen, deren Teil ›wir‹ unweigerlich sind.

Die affirmativ-ethische Problematisierung einer zugleich destruktiven *und* konstitutiven Relationalität beschäftigt Haraway auch in ihrer zuletzt publizierten Monografie *Unruhig bleiben. Die Verwandtschaft der Arten im Chthuluzän* (2018b; Orig. 2016). Mit der darin profilierten Vision der speziesübergreifenden Verwandtschaft knüpft Haraway einerseits an die Ontologie der

Gefährt*innenspezies an. Erneut betont sie die konstitutive Verbundenheit und materielle Abhängigkeit unterschiedlicher Spezies und Entitäten in der Welt. Andererseits besitzt ihre vielzitierte Aufforderung, ›sich verwandt zu machen‹ (im Orig. *making kin*), auch eine normative Stoßrichtung. Sich verwandt zu machen bedeutet im Sinne ihrer Ethik des Antwortens, die grundlegenden Dependenzbeziehungen nicht zu verleugnen, sondern sie anzuerkennen, um von ihnen ausgehend bessere Formen der Ko-Existenz zu imaginieren und praktisch hervorzubringen.

Die Reformulierung von Verantwortung als Fähigkeit des Antwortens oder als Responsabilität löst diese aus einer liberalen und voluntaristischen Vorstellung der Zurechnung zu einem individuellen ›Selbst‹ und öffnet sie für ein gemeinsames Gestalten. Dabei ist es Haraway zufolge notwendig, die spezifische Verantwortung des Menschen für die Einrichtung der Abhängigkeitsverhältnisse zu betonen: »Wir sind alle verantwortlich dafür, die Bedingungen für speziesübergreifendes Gedeihen angesichts fürchterlicher Geschichte/n zu gestalten, aber nicht alle auf die gleiche Art und Weise. Die Unterschiede sind von Gewicht – in Ökologien, Ökonomien, Arten, Lebensvollzügen.« (Haraway 2018b: 159) Die Artikulation dieser spezifischen Verantwortungszusammenhänge ist hierbei von zentraler Bedeutung. Es geht Haraway angesichts ökologischer Verwerfungen nicht um eine zynische Resignation im Sinne von »›Das Spiel ist aus, es ist zu spät.‹« (ebd.: 81); vielmehr gibt es immer etwas zu tun. Haraways bevorzugte Taktik besteht darin, Geschichten zu erzählen, die Mut machen und nicht lähmen; Geschichten, die Neugierde wecken und – wie partial sie auch sein mögen – Transformationspotenziale aufzeigen. Dieser narrative Zugang zur Theoriebildung zeichnet Haraways Arbeiten von Beginn an aus. Ihre Theoriebildung *ist* gleichsam ein Erzählen von Geschichten, das Wissensbestände aus unterschiedlichen Disziplinen, aber auch Science-Fiction-Literatur und andere popkulturelle Referenzen verknüpft und daraus neue Begriffe und theoretische Werkzeuge entwickelt. In ihren späten Arbeiten erfährt dieser Aspekt eine weitere Aufwertung. Beziehungsgefüge zu erzählen, um darin ein kreativ-transformatorisches Moment zur Geltung zu bringen, bildet den Kern ihrer theoriebildenden Strategie in *Unruhig bleiben.*

Ein Kapitel beschreibt beispielsweise das wissenschaftlich-künstlerische Projekt PigeonBlog, das Messdaten über die Luftverschmutzung in Los Angeles County produziert hat. Während bislang fest installierte Aufzeichnungsgeräte, die häufig entfernt von besonders belasteten Gegenden aufgestellt sind, den Grad der Luftverschmutzung dokumentierten, könne die Datenlage durch mobile Messgeräte entscheidend verbessert werden (vgl. ebd.: 34). Die Idee des PigeonBlog-Projekts war es, Tauben mit Aufzeichnungsapparaturen auszustatten, so dass ihre Flugwege im Austausch mit menschlichen Beobachter_innen und technischen Artefakten Daten generieren, die eine Neubewertung der Luftverschmutzung ermöglichen. Auf diese Weise sollten Daten öffentlich zugänglich werden, die »provozieren, motivieren, verstärken, inspirieren und illustrieren« (ebd.: 34). Das Projekt versteht Haraway als kollaborativen Prozess des Sich-wechselseitig-Befähigens. Die aufwendige Installation sei ein komplexes Arrangement von »Verbindung[en] zwischen Vögeln, Technologien und Leuten« (ebd.: 35). Es brauchte zunächst einige Zeit, um den »Rucksack« (ebd.), mit dem die Tauben fliegen sollten, so zu entwickeln, dass er »bequem und sicher genug« (ebd.) für diese war. Niemand aus dem Team des PigeonBlogs, zu dem Künstler_innen, Forschende, wissenschaftliche Berater_innen, Taubenbesitzer_innen und Berater_innen für Elektronik gehörten, wollte »ängstliche und unglückliche Vögel [...] akzeptieren« (ebd.); vielmehr basierte Haraway zufolge der gemeinsame Prozess des Befähigens auf »wechselseitigem Vertrauen ineinander« (ebd.). Die Flüge der Tauben und die mannigfaltigen wechselseitigen Befähigungsbeziehungen stellen den Kern dieser Erzählung in *Unruhig bleiben* dar, die anzeigen soll, wie speziesübergreifend neue Formen des Zusammenlebens erprobt werden können.

Dieses Narrativ wirkt allerdings seltsam poliert. Strukturelle Asymmetrien und systematische Vereinnahmungsdynamiken – etwa die Frage, ob die Tauben wirklich »stolz« (ebd.: 235) auf ihr Mitwirken am Projekt sind und wer auf welcher Grundlage diese Einschätzung vornimmt – bleiben weitgehend ausgespart. Die Ambivalenzen des Projekts und die Machtverhältnisse, in die es eingebettet ist, kommen nur unzureichend in den Blick. Die das Narrativ strukturierende Logik der Befähigung ist selektiv und wird Haraways eigenem Anspruch an eine analytische und ethische Auseinandersetzung mit den Gefahren und destruktiven Potenzialen kaum gerecht, da sie vor allem die Chancen, nicht aber die Probleme des Mit-Werdens herausstellt (vgl. ebd.: 19–45).

6.3 Die Affirmation des Destruktiven

Die Stärke der Position Haraways liegt in der Konzeption einer speziesübergreifenden relationalen Ontologie, die nicht als allein friedlich und harmonisch, sondern immer auch als destruktiv und konfliktuell begriffen wird. Damit hebt sie, wie viele andere neomaterialistische Autor_innen, die Interdependenzen unterschiedlicher Lebensformen hervor und situiert diese mit Blick auf ungleich verteilte Verwundbarkeiten innerhalb globaler Macht- und Herrschaftsverhältnisse. Dabei geht es Haraway um mehr als die einfache Feststellung oder bewusste Affirmation einer existenziellen Verbundenheit zwischen Menschen und Nicht-Menschen. Die Einsicht, dass alles mit allem zusammenhängt, ändert allein noch nichts; wie Haraway deutlich macht, gilt es darüber hinaus, mit den Beziehungsgeflechten zu arbeiten und diese kollektiv – das heißt politisch – zu gestalten. Aus diesem Grund haben eine Reihe von Kommentator_innen die These einer speziesübergreifenden Verwandtschaft in *Unruhig bleiben* als wegweisend für die kritisch-kreative Auseinandersetzung mit ökologischen Fragen begriffen (Neimanis 2016; Franklin 2017; Loick 2017). Demgegenüber haben andere Rezipient_innen eine bedenkliche Neigung zur Ausblendung politischer Fragen und eine analytische Verflachung diagnostiziert (Lewis 2017; Battistoni 2017b). So sieht etwa Sophie Lewis (2017: o.S.) in Haraways zuletzt vorgelegten Geschichten lediglich die Beschreibung einer »vagen und omnipräsenten animistischen Tentakularität«, die »von systematischer Analyse und Sozialismus gereinigt« sei.

Besonders kontrovers diskutiert wurde Haraways Strategie des Sich-verwandt-Machens, die alternative – auch speziesübergreifende – Verwandtschaftsmodelle jenseits von Blutsverwandtschaft ermöglichen soll (Hamilton 2017; Albernaz 2018: 242 f.; Murphy 2018). Diese kann Haraway zufolge dazu beitragen, den weiteren Anstieg der Weltbevölkerung zu verlangsamen – ein Motiv, das sie in dem Slogan: »Macht Euch verwandt, nicht Babys! [im Orig. *Make kin, not babies*!]« (Haraway 2018b: 142), zuspitzt. Eine ganze Reihe von kritischen Arbeiten hat gezeigt, dass die neo-malthusianische Fantasie, ökologischen Problemlagen durch bevölkerungspolitische Instrumente (Empfängnisverhütung, Geburtenkontrolle etc.) zu begegnen, an rassifizierte und vergeschlechtlichte Externalisierungen gekoppelt ist (vgl. etwa Hartmann 1996; Schultz 2006; Wilson 2012: 69–96). Die ökologische Krise als ein Problem der (zu großen) Zahl zu begreifen verstellt den Blick auf die globalen Produktionsbedingungen und Lebensformen, die maßgeblich für den Verlust der Biodiversität und die Klimaerwärmung verantwortlich sind. Haraway möchte hinter diesen Diskussionsstand nicht zurückfallen und betont immer wieder, dass es ihr um eine feministische und antirassistische Perspektive geht, die die Spezifizität von Lebensformen in ihren ökologischen Dimensionen analysiert:

> »Es hilft nicht, dass ich persönlich keine neuen Menschen auf die Welt gebracht habe; eine andere globalisierende Zahl verrät mir, dass meine Lebenspraktiken, wie grün auch immer, der Erde (und anderen Menschen) mehr entzogen haben als etwa zwanzig ›durchschnittliche‹ Leute in Guatemala in derselben Zeit.« (Haraway 2018a: 74 f.)

Trotz solcher Relativierungen und Präzisierungsversuche bleibt der Fokus auf das Konzept der Bevölkerung in Haraways Krisenanalyse wenig überzeugend. Ihre Vision »speziesübergreifender reproduktiver Gerechtigkeit« (Clarke 2018: 2) bleibt beschränkt, da sie vor allem quantitative Relationen in den Blick nimmt und ein Container-Modell der Welt fortschreibt, das ihrem eigenen radikal relationalen Denken systematisch widerspricht.

Deutlicher als Haraway in ihren späten Arbeiten verknüpft die Anthropologin Anna Tsing eine kapitalismuskritische Analyse mit einer neomaterialistisch-ökologischen Perspektive. Ihre eindrucksvolle Studie *Der Pilz am Ende der Welt. Über das Leben in den Ruinen des Kapitalismus* (2018) schließt an Haraways Überlegungen zu Gefährt*innenspezies ebenso an wie an die Vorstellung einer eigensinnigen und technologisch durchdrungenen ›Natur‹. Tsing untersucht das Zusammenspiel ökonomischer Unsicherheiten und prekärer Umwelten, indem sie Matsutake-Pilzen in ihren kommerziellen und ökologischen Verortungen nachgeht. Sie macht überraschend komplexe Beziehungen sichtbar, indem sie sich dem Organismus mit ethnografischen Methoden nähert.[15]

Tsing verfolgt das Ziel, durch die genaue Beschreibung von heterogenen Lebenszusammenhängen in den »Ruinen des Kapitalismus« die darin auffindbaren »Lebenskünste auf einem zerstörten Planeten« (Tsing et al. 2017) zu artikulieren: »Der Pilz führt uns vor Augen, wie in gestörten Umgebungen Koexistenz möglich ist.« (Tsing 2018: 17) Ihr gelingt es dabei, gemeinsame Entfremdungserfahrungen von Menschen und Nicht-Menschen herauszuarbeiten, ohne Ökonomie und Ökologie ineinander aufgehen zu lassen. Diese Entfremdung liegt Tsing zufolge in der Leistung des kapitalistischen Regimes, »Menschen und Dinge zu beweglichen Gütern« (ebd.: 19) zu machen, sie abzukoppeln von ihren konstitutiven Relationen und damit die »Verflechtungen des Lebensraumes« (ebd.: 20) zu negieren. Ziel ihrer Analyse ist es zu zeigen, dass dieser Dekontextualisierungsprozess jedoch nicht vollständig gelingt. Es handelt sich um einen »Entfremdungstraum« (ebd.: 20), der sich nie ganz verwirklichen lässt. Die detaillierte Analyse kann zeigen, welche über die Entfremdungserfahrungen hinausgehenden Beziehungen immer noch bestehen. Tsing zufolge bergen die lebbaren Beziehungsnetze, die dieses System gelassen hat, ebenso wie die ›Ruinen des Kapitalismus‹, die es hervorgebracht hat, immer noch Chancen für die Erschließung anderer Lebensweisen.

Die Ökologie-Konzepte, die neomaterialistische Autor_innen wie Haraway, Tsing und andere vorlegen, sind vor allem aus zwei Gründen vielversprechend. Erstens dezentrieren sie ›den Menschen‹ als souveränes Subjekt und Ausgangs- und Fluchtpunkt des Denkens und Handelns, ohne die besondere Verantwortung und Wirkmacht menschlicher Kollektive zu negieren. Anders als etwa der vitale Materialismus von Jane Bennett (siehe Kapitel 2) zielen diese Positionen nicht auf eine tendenzielle Auflösung menschlicher Verantwortung in komplexen Gefügen aus Menschen und Nicht-Menschen, sondern auf die Akzentuierung differenzieller Handlungsfähigkeiten und spezifischer Verwundbarkeiten. Zweitens ermöglichen es diese Ansätze, die häufig zu beobachtende konzeptuelle Polarisierung von Affirmation und Negation in gesellschaftstheoretischen oder gegenwartsdiagnostischen Arbeiten zu umgehen. Sie konzipieren die Beziehungen, aus denen die Welt besteht, nicht harmonistisch verklärt oder einseitig optimistisch, sondern zeigen die immer auch destruktiven Komponenten des Mit-Werdens auf. Auf diese Weise ist die Analyse gleichermaßen in der Lage, zerstörerische oder todbringende Materialisierungen zu identifizieren, wie sie sensibel bleibt für die Entstehung produktiver Gefüge und gerechterer Neuformierungen. Negationen des Bestehenden werden so mit kreativen Zukunftsvisionen verknüpft.

7. Für einen relationalen Materialismus

Der Überblick über verschiedene Positionen und Themenfelder in den zurückliegenden Kapiteln hat gezeigt, dass die Neuen Materialismen sich (mit Ausnahme der objektorientierten Ontologie) durch die Entwicklung und Ausgestaltung relationaler Ontologien auszeichnen. Dies gilt für Bennetts vitalen Materialismus und Barads agentiellen Realismus ebenso wie für Braidottis Posthumanismus, die korporealen Neomaterialismen von Grosz und Wilson, aber auch für Haraways Ontologie der Gefährt*innenspezies. Auch wenn sich die Positionen im Einzelnen erheblich voneinander unterscheiden, ist in allen Varianten der Neuen Materialismen eine gewisse »Mehrdeutigkeit« (Willey 2017: 149) in der Analyse und Konzeption von Materialität zu beobachten. Einerseits betont die neomaterialistische Literatur die Verschränkungen von Materie und Bedeutung, Ontologie und Epistemologie, Natur und Kultur, Menschlichem und Nicht-Menschlichem. Dadurch ermöglicht sie eine kritische Untersuchung der Differenzierungs- und Unterscheidungspraktiken und zeigt die analytische Fruchtbarkeit von Analyseinstrumenten wie ›Intraaktivität‹ oder ›Gefüge‹ auf, die das epistemologisch-ontologische Primat von Relationen materialisieren. Andererseits neigen Vertreter_innen der Neuen Materialismen dazu, eine Wirkmächtigkeit der Materie ›an sich‹ vorauszusetzen. Dies gilt nicht nur für die Anhänger_innen der OOO, die die wahre Komplexität und Fremdartigkeit von Objekten herausstellen, sondern auch für die vitalistisch-materialistische Forderung, einer bisher uneingestandenen »Ding-Macht« (Bennett) Rechnung zu tragen. Selbst Barads performativer Materialismus, der erklärtermaßen die Vorstellung ursprünglicher Eigenschaften oder eines immer schon gegebenen Wesenskerns ablehnt, verweist an einigen Stellen auf »die dynamische Kraft der Materie« (Barad 2012a: 11), die systematisch anerkannt werden müsse.

Ein Grund für dieses Schwanken zwischen relationalen und essenzialistischen Ontologiekonzepten liegt in der Art und Weise, wie neomaterialistische Autor_innen Handlungsfähigkeit begreifen. Sowohl die OOO als auch der vitale Materialismus betrachten diese als eine genuine Qualität materieller Entitäten. Während erstere Handlungsmacht direkt in den intrinsischen Eigenschaften der Objekte verortet, geht letzterer von einem Vermögen aus, das seine Quelle in der »intelligente[n] Vitalität oder Selbstorganisationsfähigkeit« (Braidotti 2014: 65) der Materie hat. Eine Sonderstellung nimmt demgegenüber der agentielle Realismus ein. Er bricht trotz der essenzialistischen Restbestände programmatisch mit dem handlungsbezogenen Imaginären, indem er auf ›agentielle Schnitte‹ fokussiert. Barads Apparatbegriff erlaubt es zu untersuchen, wie sich Zeitlichkeiten, Räumlichkeiten und Materialitäten wechselseitig konstituieren (statt sie als absolute und externe Parameter vorauszusetzen). Handlungsfähigkeit kommt hier als emergentes Ergebnis von materiell-diskursiven Praktiken und nicht als Attribut von Subjekten oder Objekten in den Blick: als »*eine Sache des Intraagierens; es ist ein In-Kraft-Setzen* [im Orig. *enactment*], *nicht etwas, das jemand oder etwas hat*« (Barad 2007: 178; Hervorh. im Orig.).

Im Unterschied zum agentiellen Realismus lassen viele andere neomaterialistische Arbeiten die entscheidenden – häufig liberal grundierten – Voraussetzungen eines traditionellen voluntaristischen Handlungskonzepts unberührt; sie beschränken sich in der

Regel darauf, es auszubauen und (um nicht-menschliche Entitäten) zu erweitern. Es ist also festzuhalten, dass neomaterialistische Positionen sich deutlich darin unterscheiden, wie konsequent sie den relationalen Impuls aufgreifen. In der Mehrzahl der Arbeiten wird dieser nur ansatzweise oder unvollständig operationalisiert. Im Ergebnis wird das relationale Vokabular, das konstitutive Verwobenheiten oder die Dynamik von Intraaktionen hervorhebt, zugunsten eines mehr oder weniger stabilen Begriffs der Materie aufgegeben, die durch agentielle Kräfte, erfinderische Vermögen und unvorhersehbare Ereignishaftigkeit gekennzeichnet sei (kritisch dazu Mol 2013: 380 f.; Woolgar und Lezaun 2013: 326; Abrahamsson et al. 2015). Statt eines radikal relationalen Materialismus lassen sich demnach Tendenzen der Re-Essenzialisierung beobachten, die wichtige Einsichten und Erkenntnisse neomaterialistischer Arbeiten zu konterkarieren drohen.[16]

Um die Konsequenzen dieser zu beobachtenden »Strategie der Verdinglichung« (Woolgar und Lezaun 2015: 465; Sismondo 2015: 442; Bruining 2013) in weiten Teilen der neomaterialistischen Literatur zu diskutieren, kommen wir im Folgenden noch einmal auf die drei Themenfelder zurück, die wir in den Kapiteln 4 bis 6 behandelt haben. Zunächst argumentieren wir, dass Neue Materialismen häufig den Versuch unternehmen, das humanistische Projekt einfach durch ein posthumanistisches Programm zu ersetzen. Das erklärte Ziel der Ablösung oder Überwindung der Figur des Menschen verhindert es jedoch, Errungenschaften der humanistischen Tradition und deren innere Spannungen kritisch anzueignen und zu bewahren (7.1). Im nächsten Abschnitt zeigen wir, dass die neomaterialistische Forderung nach Transdisziplinarität zwar zu neuen Formen der Forschungskooperation einlädt, sie aber auch riskiert, asymmetrische Machtverhältnisse zwischen ›harten‹ und ›weichen‹ Wissenschaften zu erneuern (7.2). Der letzte Teil des Kapitels geht von der Beobachtung aus, dass einige neomaterialistische Positionen zentrale Veränderungen neoliberaler Regierungsformen nur unzureichend erfassen. Sie greifen auf Konzepte einer nicht-deterministischen und kontingenten Natur zurück, um politische, wirtschaftliche und ökologische Strategien neu auszurichten. Allerdings garantieren der Übergang zu symmetrisch(er)en Ontologien und die Überwindung der modernistischen Spaltung zwischen Natur und Kultur weder eine postkapitalistische Zukunft, noch untergraben sie automatisch technokratische Lösungen ökologischer Krisen (7.3).

7.1 Die Fallstricke des Posthumanismus

Die Idee eines relationalen Materialismus erfordert zunächst eine Präzisierung der Kritik des Anthropozentrismus innerhalb der Neuen Materialismen. Notwendig ist die Entwicklung neuartiger Terminologien und Konzepte, um der doppelten Herausforderung gerecht zu werden, gleichzeitig menschliche Privilegien und Macht zu dezentrieren bzw. zu demokratisieren *und* die spezifische Rechenschaftspflicht und Verantwortung menschlicher Handlungsmacht anzuerkennen, die auf der Welt radikal ungleich verteilt ist. Die konkrete Ausgestaltung und Profilierung eines posthumanistischen Projekts wirft allerdings Fragen auf, die neomaterialistische Arbeiten selten überzeugend beantworten. Auf diese historischen, analytischen und normativen Probleme gehen wir im Folgenden genauer ein.

Die erste Herausforderung betrifft das Verständnis des Posthumanismus als Signatur einer spezifischen historischen Situation (Braidotti 2014; Åsberg 2018). In dieser Lesart setzt sich die gegenwärtige Welt aus materiellen Objekten, hybriden Netzwerken und fluiden Identitäten zusammen, die zwingend eine andere Art der Theoriebildung und eine Neujustierung des konzeptuellen und analytischen Instrumentariums erfordern. Im Selbstverständnis vieler Vertreter_innen der Neuen Materialismen markiert der Posthumanismus eine Zäsur, die »eine neue Ära der Wissenschaft« (Morton 2013: 159) einleitet, welche konsequent das Ziel verfolgt, die Figur des Menschen zu dezentrieren. Ironischerweise neigt jedoch diese Idee des Posthumanismus als historischer Moment nach dem ›Ende des Menschen‹ dazu, das Konzept zu restabilisieren, welches sie zu untergraben versucht. Die Kategorien des Menschlichen und des Nicht-Menschlichen, der Natur und der Kultur funktionieren weiterhin als wirksame Operatoren in Erzählungen, die ihre Implosion oder Erosion verkünden. Sie werden als »wahre Deskriptoren echter Unterscheidungen« (Castree und Nash 2006: 502) beschworen, die in der Vergangenheit tatsächlich existierten, und vermitteln das nostalgische Bild einer ganzheitlichen und stabilen Welt vor dem Aufkommen der Technowissenschaften und den damit einhergehenden Praktiken der Fragmentierung, Auflösung und Rekombination. Mit der These des Eintritts in ein neues Zeitalter oder des Wechsels von einer natürlichen zu einer *»postnatürlichen* Welt« (Åsberg 2018: 186; Hervorh. im Orig.) bewegen sich Posthumanismen wie Humanismen innerhalb desselben analytischen und theoretischen Horizonts, auch wenn sie sich in ihren normativen Bewertungen grundlegend unterscheiden:

»Was oft unbemerkt bleibt, ist, dass wir durch die Historisierung des Posthumanen am Ende das Menschliche wieder in den Mittelpunkt rücken: Das Menschliche ist jenes Wesen, das ›einmal war‹, das aber ›verfinstert‹ oder ›transzendiert‹ wurde. Hier ist der springende Punkt: Solche Posthumanismen *erfordern* die Figur des ›Menschen‹ [...] In diesem Sinne ist die fieberhafte Feier des Posthumanen im Posthumanismus vergleichbar mit der Trauer über das Hinscheiden des ›Menschen‹ im Humanismus.« (Braun 2004: 1354; Hervorh. im Orig.)

Für einen strikt relationalen Materialismus ist es notwendig, den posthumanen Zustand daher weniger als ein historisches Ereignis zu begreifen denn als eine theoretische und politische Geste. Er markiert keinen Abschluss, sondern vielmehr ein unvollendetes Projekt und eine permanente Herausforderung. Dies gilt es theoretisch und empirisch zur Geltung zu bringen, wenn posthumanistische Theorie mehr sein soll als eine euphorische oder apokalyptische Verabschiedung ›des Menschen‹. Statt die posthumane Situation als historischen Marker vorauszusetzen, ist es notwendig, die spezifischen Materialisierungen des Menschlichen in ihren häufig rassifizierten, vergeschlechtlichten und auch in Bezug auf die soziale Herkunft differenzierten Ausschlussdynamiken ins Zentrum der Betrachtung zu rücken.

Der zweite Punkt zielt auf ein analytisches Problem. Neue Materialismen verbinden das historische Narrativ der Zäsur und der Neuausrichtung häufig mit einer hierarchischen Opposition von Humanismus und Posthumanismus. Da das Projekt, ›den Menschen‹ in den Mittelpunkt aller Überlegungen zu stellen, eng mit der Geschichte von Kolonialismus, Patriarchat und Kapitalismus verbunden ist, wird der Humanismus »bestenfalls als naiv und schlimmstenfalls als beherrschend und tyrannisch« begriffen (Murdoch 2004: 1356). In vielen neomaterialistischen Arbeiten (und weit darüber hinaus) gilt der Humanismus als eine theoretisch fehlerhafte und politisch unhaltbare Position, während der Posthumanismus als positive Alternative und angemessene Beschreibungsformel fungiert. Wir haben es also mit zwei antagonistischen und sich wechselseitig ausschließenden Analyserahmen zu tun.

Diese binäre Konstellation ist unterkomplex und unproduktiv – vor allem angesichts des neomaterialistischen Anspruchs, Dualismen prinzipiell infrage zu stellen und zu überschreiten. Es besteht die Gefahr, dass viele kritische und analytische Ressourcen, die innerhalb des Humanismus zur Verfügung stehen, durch den Wechsel in das Register des Posthumanismus verloren gehen. Anstatt die Grenzen zu befestigen und an einfachen Gegensätzen festzuhalten, scheint es vielversprechender, Gemeinsamkeiten zu erproben und Spannungen herauszuarbeiten. Zu befürchten ist, dass die Theoretiker_innen des Posthumanismus »den kritischen und emanzipatorischen Praktiken, die innerhalb des Humanismus vorkommen, zu wenig Aufmerksamkeit geschenkt haben. In dieser Sichtweise lässt sich die posthumanistische Situation am besten verstehen, wenn man humanistische Diskurse *durcharbeitet*« (ebd.: 1357, Hervorh. im Orig.).

Dieses Bestreben, mit und durch humanistische Anliegen zu arbeiten statt gegen sie, verleiht der neomaterialistischen Kritik am Anthropozentrismus mehr Substanz als eine abstrakte und allgemeine Anklage, die selten das Problem des Eurozentrismus benennt oder an postkoloniale Debatten über Alterität anschließt. Infolgedessen tendiert die Anthropozentrismuskritik häufig dazu, ›den Menschen‹ zu homogenisieren – und damit die inneren Brüche des Konzepts sowie die mit ihnen einhergehenden Ausschlussmechanismen zu ignorieren. So werden Machtasymmetrien und soziale Ungleichheiten innerhalb des ›Humanen‹ selten thematisiert, da sich der Schwerpunkt des analytischen Interesses auf Objekte oder Gefüge von Menschen und Nicht-Menschen verlagert. Wie Susanne Lettow feststellt, bedeutet die Hinwendung zum Posthumanen, dass oft »kein Raum [...] für die Konzeptualisierung struktureller Unterschiede zwischen menschlichen und nichtmenschlichen Formen des Handelns bleibt und wir auch keine Unterschiede oder Macht- und Herrschaftsbeziehungen zwischen Menschen konzeptualisieren können« (Lettow 2017: 111; vgl. Neyrat 2018: 19 f.). Wiederum wird die Figur des Menschen, die durch eine posthumane Imagination überwunden werden soll, unabsichtlich als solide und stabile Entität erneuert (vgl. Meißner 2013: 165 f.; Garske 2014: 122–124; Ellenzweig und Zammito 2017: 10 f.).

Drittens verfolgen neomaterialistische Arbeiten im Rahmen ihrer Anthropozentrismuskritik häufig einen normativen Egalitarismus, der die de facto privilegierte Rolle und die asymmetrisch zerstörerische und unterdrückerische Macht ›des Menschen‹, auf andere Körper einzuwirken, verschleiert. Es ist jedoch für politische Projekte unverzichtbar, die Kritik an der »anthropologischen Matrix« (Latour 1995: 143) durch einen »strategischen Anthropozentrismus« (Donaldson 2014: 6) zu ergänzen, der die fortdauernde Verantwortung der Menschen für die Gefährdung der Lebensbedingungen auf dem Planeten sowohl für Menschen als auch für Nicht-Menschen anerkennt (vgl. Coole 2013: 461; Cudworth und Hobden 2015: 144). Die Tendenz zur Homogenisierung erstreckt sich darüber hinaus nicht nur auf die Figur des Menschen, sondern umfasst auch sein Alter Ego: das Nicht-Menschliche. Dieses wird definiert durch das, was es nicht ist und wodurch es sich von der Kategorie des Menschlichen unterscheidet – ohne einen positiven Wert oder eine eigene Identität zu besitzen. Ein solch einseitiger und selektiver Bezug auf das Nicht-Menschliche läuft stets Gefahr, die Heterogenität und Vielfalt der unter dieser Kategorie versammelten Wesen zu verdecken. Die Klassifizierung ›nicht-menschlich‹ trifft auf technologische Artefakte oder materielle Infrastrukturen ebenso zu wie auf Felsen oder Affen. Sie umfasst ein äußerst vielfältiges Spektrum von lebenden und nicht-lebenden, von durch Menschen geschaffenen und von ›natürlichen‹ Entitäten, deren Reichtum und Komplexität die binäre Unterscheidung menschlich/nicht-menschlich nur unzureichend erfasst (vgl. Lettow 2017: 112; Stengers 2010).

Insgesamt ist es also nötig, die Anthropozentrismuskritik und die posthumanistische Programmatik stärker an den Grundsätzen und Zielen des relationalen Materialismus auszurichten. Scheinbar paradox bekräftigt eine solche »mehr-als-posthumane« (Häkli 2018: 8) Position die Bedeutung menschlichen Handelns, um die verheerende soziale und materielle Lage der Erde zu verändern, lehnt aber gleichzeitig die Idee des voluntaristischen (menschlichen) Handelns ab, auf der diese destruktiven und gewalttätigen Praktiken beruhen. Eine solche Perspektive stellt sicher, dass menschliche Individuen und Kollektive zur Rechenschaft gezogen werden für die Herrschaft, die Ungerechtigkeit und das Leid, das sie menschlichen wie auch nicht-menschlichen Körpern zufügen, ohne das Nicht-Menschliche als reine Ressource oder passives Opfer menschlichen Handelns zu verstehen (vgl. Neimanis 2014: 10). Diese kritische Geste beschränkt sich nicht darauf, moderne konzeptuelle Dualismen oder anthropozentrische Praktiken zu hinterfragen, sondern stellt sich darüber hinaus der Aufgabe, neue Figuren des Menschlichen zu entwickeln, die gerechtere oder egalitärere Formen des Zusammenlebens ermöglichen (vgl. Castree und Nash 2006: 502).

Die politische Zwickmühle des »kritischen Posthumanismus« (ebd.) wird von Astrida Neimanis in ihrer Auseinandersetzung mit dem von der Generalversammlung der Vereinten Nationen bekräftigten »Menschenrecht auf Wasser« besonders deutlich. Neimanis zeigt, dass im Menschenrechtsdiskurs das Engagement für soziale Gerechtigkeit mit dem Verständnis von Wasser als einer unverzichtbaren, aber austauschbaren und quantifizierbaren Ressource für menschliches Leben und Wohlergehen verbunden ist. Es gibt offenbar eine Entweder-oder-Konstellation, in der die Sorge um die menschliche Natur die Anerkennung der Natur des Wassers auszuschließen scheint. Wer also den Menschenrechtsdiskurs bejaht, läuft Gefahr, das ›Tun‹ des Wassers zu negieren. Um diesen konfrontativen Ansatz zu überwinden, ist es Neimanis zufolge nötig, neue politische Imaginationen zu entwickeln. Diese erweitern und ergänzen das Paradigma des Rechts auf Wasser, indem sie dessen Natur als aktiv und in Kontinuität mit dem Menschlichen verstehen:

> »Es ist möglich, den ontologischen Prämissen und Voraussetzungen der ›Menschenrechte‹ kritisch gegenüberzustehen, ohne die hart erkämpfte politische Zugkraft zu negieren, die dieser Diskurs über soziale Gerechtigkeit endlich in einem globalen Kontext erlangt hat. [...] Wir können erkennen, dass die Menschenrechte etwas sind, was wir ›nicht nicht wollen können‹, wie Wendy Brown (in Anlehnung an Gayatri Spivak) es vorgeschlagen hat, auch wenn wir uns etwas Robusteres vorstellen, etwas jenseits unserer eigenen Grenzen und neben ihnen.« (Neimanis 2014: 24)

Das Anliegen eines relationalen Materialismus ist also, die Sorge um gerechtere und weniger herrschaftsförmige Beziehungen zwischen den Menschen mit der Aufmerksamkeit für ein umfassenderes Kollektiv zu verbinden, das auch nicht-menschliche Andere einschließt. Diese »kritische Ontologie unserer selbst« (Foucault 2005b: 703) markiert das ›Wir‹ (und dessen Grenzen) als einen experimentellen Raum der Untersuchung und Verhandlung. Sie bezieht sich nicht ausschließlich auf ein menschliches Zusammenleben und einen gegebenen historischen Zustand, sondern ist vielmehr als ein fortlaufendes und offenes Projekt zu begreifen, um »mit der Ausarbeitung der Frage die zukünftige Ausbildung eines ›Wir‹ möglich [zu] machen [...]. Das ›Wir‹ scheint mir somit nicht der Frage vorausgehen zu dürfen; es kann bloß das Ergebnis [...] der Frage sein, so wie sie sich in den neuen Ausdrücken stellt, in denen man sie formuliert.« (Foucault 2005a: 728)

7.2 Die Gefahr des Positivismus

Wie dargelegt, beanspruchen viele neomaterialistische Autor_innen, in ihrer Auseinandersetzung mit naturwissenschaftlichen Erkenntnissen substanziell über die bislang vorherrschenden ›kritischen‹ oder ›extraktiven‹ Perspektiven in den Sozial- und Kulturwissenschaften hinauszugehen (Hird 2009a). Sie favorisieren »Dialog, Gespräch und Zusammenarbeit mit den Naturwissenschaften« (ebd.: 331), statt die Konstruktion von Forschungsgegenständen in den Naturwissenschaften zu kritisieren oder deren Konzepte zu verwenden, um kulturelle Prozesse und soziale Strukturen zu verstehen. Angesichts der Komplexität und Multidimensionalität vieler gegenwärtiger Forschungsfragen ist es unverzichtbar, disziplinäre Grenzen zu hinterfragen, aktiv zu überschreiten und verschiedene Formen wissenschaftlicher Expertise zusammenzuführen. Allerdings birgt das Anliegen, »mit statt gegen naturwissenschaftlich begründete Theorien und Daten zu arbeiten« (Kirby und Wilson 2011: 233), auch eine Reihe von Risiken.

So hat etwa Angela Willey darauf hingewiesen, dass das »feierliche Narrativ neomaterialistischen *Engagements*« (2017: 135, Hervorh. im Orig.) mit naturwissenschaftlichen Wissensbeständen mit einer neuen Form des Positivismus einhergehen kann. In ihrer Lesart dient die Konzentration auf nicht-menschliche Wirkungszusammenhänge und die Kritik an anthropozentrischen Analysemethoden vor allem dazu, ein als veraltet oder überholt begriffenes Verständnis von Materie zu korrigieren – um es durch eine bessere (umfassendere, komplexere) wissenschaftliche Analyse zu ersetzen. Der neomaterialistischen Literatur gehe es um ein zeitgemäßes Konzept der Materie, das diese als agil, dynamisch und offen versteht. Dabei greife sie oft auf solche naturwissenschaftlichen Forschungsarbeiten zurück, die deterministische Vorstellungen von stabilen Naturgesetzen und linearen Kausalzusammenhängen infrage stellen und zu überwinden versuchen. Wie Willey betont, droht jedoch die Idee einer kontingenten und agentiven Natur »zu einem weiteren Naturgesetz zu werden« (Willey 2016: 1000). Das neomaterialistische Prinzip der Kontingenz verkehrt sich dabei in eine neue wissenschaftliche Doktrin, und die Prämisse der Unbestimmtheit wird zu einer Form des Dogmas. Zwar stellen Neue Materialismen konventionelle Geschichten wissenschaftlichen Fortschritts infrage, sie riskieren jedoch auch, diese in anderer Hinsicht zu konsolidieren. Da sie sich kaum für die Entstehungs- und Geltungsbedingungen naturwissenschaftlicher Wissensbestände interessieren, stärken und erweitern sie tendenziell die epistemologische Autorität, statt sie zu destabilisieren oder zu untergraben.

Willeys Kritik an der »neopositivistische[n] Agenda« (Willey 2017: 149) der Neuen Materialismen ist selbst nicht frei von reduktionistischen Verkürzungen, die der Komplexität und Vielfältigkeit dieser Forschungsperspektive nicht gerecht werden und zahlreiche inhaltliche Überschneidungen mit der feministischen und postkolonialen Wissenschaftskritik ignorieren. Dennoch trifft ihre Kritik eine problematische Tendenz, die wichtige Einsichten des relational-ontologischen Programms verstellt. Die neomaterialistische Forderung, epistemologische Dualismen und Grenzziehungen zu überwinden und transdisziplinäre Projekte zu verfolgen, richtet sich vor allem an die Adresse der Sozial- und Kulturwissenschaften. Diese sollen ihre Forschungsagenden revidieren oder erweitern, um sich mit Gegenständen zu befassen, die traditionell in den Naturwissenschaften angesiedelt sind (vgl. Irni 2013: 356). Grundlage dieser wissenschaftspolitischen Intervention ist oft ein selektives Verständnis von Materialität, das durch naturwissenschaftliche Zugänge und Kategorien bestimmt ist. Da in dieser Perspektive Materialität als genuiner

Forschungsgegenstand der Naturwissenschaften erscheint, sollen sich diejenigen, die Materialisierungsprozesse untersuchen, biologisches, chemisches oder physikalisches Wissen aneignen und in ihre Untersuchungen einbeziehen. Der neomaterialistische Imperativ zur Transdisziplinarität ist daher in vielen Fällen weniger als eine *gemeinsame* Anstrengung und ein wechselseitiger Prozess der disziplinären Überprüfung und Neuorientierung zu verstehen, sondern bleibt eine wissenschaftliche Einbahnstraße – mit dem Ergebnis, dass sozial- und kulturwissenschaftliche Materialisierungspraktiken tendenziell ausgeschlossen oder als nachrangig begriffen werden.

Die im Feld der Neuen Materialismen weitverbreitete Privilegierung naturwissenschaftlicher Materie droht eine hochgradig normativ aufgeladene disziplinäre Hierarchie zu reproduzieren, die systematisch einige Formen wissenschaftlicher Expertise gegenüber anderen privilegiert. Diese »Politik der Materialität« (ebd.: 355) trägt auf der einen Seite dazu bei, neue Formen transdisziplinärer Kooperation zu initiieren, die einen produktiven Dialog zwischen unterschiedlichen Wissensformen eröffnen; sie riskiert aber andererseits, asymmetrische Machtverhältnisse zwischen ›harten‹ und ›weichen‹ Wissenschaften zu bekräftigen – und damit zutiefst geschlechtsspezifische Attribute wiederzubeleben (vgl. Willey 2017: 139). Während neomaterialistische Aneignungen naturwissenschaftlicher Wissensbestände manchmal als ›neu‹, d.h. als interessant, innovativ und angemessen gelten, werden andere (materialistische) Formen der Wissensproduktion als ›traditionell‹, ›altmodisch‹ oder sogar ›überholt‹ bezeichnet, gerade auch diejenigen, die Prozesse der Rassifizierung, Geschlechter- oder Klassenverhältnisse untersuchen (vgl. Irni 2013: 354 f.). Notwendig ist demgegenüber ein radikal relationales Konzept von Materialität, das die Aufmerksamkeit auf multiple Materialitäten richtet, statt a priori bestimmte Formen der Materialität gegenüber anderen zu privilegieren. Dafür ist der Einbezug naturwissenschaftlichen Wissens unverzichtbar. Dieses müsste jedoch weniger als stabil und unkontrovers begriffen, denn relational konzipiert, historisiert und kritisch eingeholt werden, um den »oft heftigen epistemologischen und ontologischen Debatten *innerhalb* dieser Wissenschaften« (Fitzgerald und Callard 2014: 11; Hervorh. im Orig.) Rechnung zu tragen.

7.3 Die Ökologisierung der Macht

Neben den Gefahren eines wissenschaftlichen Positivismus und eines vereinseitigenden Posthumanismus findet sich in vielen neomaterialistischen Arbeiten eine weitere problematische Tendenz, die einem konsequent relationalen Materialismus entgegensteht. Wir haben gezeigt, dass es ein zentrales Verdienst der Neuen Materialismen ist, die analytische Aufmerksamkeit von einfachen Fähigkeiten und inhärenten Qualitäten von Objekten oder Dingen auf komplexe Gefüge und Intraaktionen zu verschieben. Dabei gelten Beziehungen als primäre und originäre Kräfte statt als sekundäre oder abgeleitete Prozesse. Allerdings wird dieser theoriestrategische Vorzug regelmäßig mit der normativen Präferenz für eine »affirmative Relationalität« (Dolphijn und van der Tuin 2012: 127) verbunden, die das Denken und Handeln in Beziehungen per se als ›gut‹ (im Sinne von: herrschaftsfreier, inklusiver, demokratischer etc.) begreift. Bei der Betonung ontologischer Offenheit und Fluidität werden Relationen innerhalb der Neuen Materialismen oft mit einem festen normativen Vorzeichen versehen. Das Risiko dieser prä-analytischen Vorentscheidung besteht in einer »politischen Romantisierung der Beziehung« (Hörl 2017: 7), da deren konkrete Materialitäten und strategische Dimensionen ausgeklammert bleiben.

Anstelle eines solchen »Idealismus der Beziehungen« (Jochmaring 2016: 100; vgl. Sprenger 2019: 24) entwickelt der relationale Materialismus ein mobiles und materielles Verständnis von Relationalität. Es ist notwendig, essenzialistischen Konzepten nicht einfach eine generelle Sensibilität für Gefüge und Verwobenheiten entgegenzusetzen, sondern die spezifische Textur dieser Relationalitäten zu untersuchen. Daher ist der relationale Materialismus zugleich auch ein materieller Relationalismus, der untersucht, wie genau Beziehungen sich zusammensetzen und koordiniert werden. Diese theoretische Revision ermöglicht es erst, die Frage zu adressieren, in welcher Weise aktuelle politische, ökonomische und soziale Praktiken ›Beziehungen‹ »reduzieren, regulieren, kontrollieren und kapitalisieren« (Hörl 2017: 8). Bemerkenswert ist, dass die neomaterialistische Literatur bislang eher selten den inhaltlichen Korrespondenzen zwischen ihrem Interesse an den Prinzipien der Fluidität, Nicht-Linearität und Kontingenz auf der einen und der neoliberalen Kritik an Vorstellungen von Stabilität, linearer Entwicklung und Homöostase auf der anderen Seite nachgeht. Um Missverständnissen vorzubeugen: Die Feststellung eines historischen Parallelismus zwischen dieser theoretischen Konjunktur und gesellschaftspolitischen Transformationsprozessen bedeutet keineswegs, Konzepte der Neuen Materialismen auf kulturelle Epiphänomene oder ideologische Ausdrucksformen einer grundlegenderen ›Logik‹ des Kapitals zu reduzieren. Die Idee eines notwendigen und unidirektionalen Kausalzusammenhangs zwischen neomaterialistischen Positionen und neoliberalem Kapitalismus ist sicherlich zu schematisch und vereinfachend; dennoch bedarf es einer größeren historischen und politischen Sensibilität, um der Frage nachzugehen, ob und ggf. in welcher Weise neoliberale Regierungsformen auf neomaterialistische Konzepte zurückgreifen und möglicherweise deren kritische Impulse aneignen oder absorbieren (vgl. Braun 2015; siehe auch Nelson 2014).

In Anlehnung an Brian Massumi (2009), Ben Anderson (2011a), Jennifer Gabrys (2014) und Erich Hörl (2017) lässt sich das neoliberale Regierungsregime als »Environmentalität« bezeichnen. Der Begriff wurde von Michel Foucault in seinen Vorlesungen am Collège de France 1978–79 (2004b: 361) eingeführt, um eine charakteristische Funktionsweise der damals im Entstehen begriffenen Regierungstechniken zu beschreiben. Foucault zufolge bezeichnet »Environmentalität« eine Form des Regierens, »die auf das Milieu einwirkt und dessen Variablen systematisch modifiziert« (ebd.: 372; Übers. modifiziert). Sie versucht, die ›Umwelt‹ menschlicher und nicht-menschlicher Praktiken bzw. deren Beziehungsgefüge zu regulieren, anstatt direkt auf ›Subjekte‹ und ›Objekte‹ einzuwirken (vgl. Anderson 2010: 232; 2011a: 39). Der von Foucault geprägte Begriff erfasst die gleichzeitige Proliferation und Entnaturalisierung des Ökologischen seit den 1970er Jahren. Während es heute kaum noch ein Feld oder Objekt gibt, das nicht ökologisch gerahmt werden kann, erfährt der Begriff auch eine signifikante Bedeutungsverschiebung: Er wird zunehmend von jedem Bezug zur Natur entkoppelt und untergräbt die trennscharfe Unterscheidung zwischen Natur und Technologie (Hörl 2017: 2).

Vor dem Hintergrund dieser ›Ökologisierung der Macht‹ greift die neomaterialistische Diagnose zu kurz, dass das Materielle bislang nicht oder nicht ausreichend wissenschaftlich und politisch berücksichtigt worden sei. Die Forderung, »die Materie ernst zu nehmen« (Barad 2012a: 8), artikuliert sich, scheinbar paradox, in einer historischen Situation, in der zeitgenössische Regierungspraktiken Materie immer weniger als »leblosen Stoff« (Bennett und Loenhart 2011: 2) oder als »passiv und unveränderlich« (Barad 2003: 801), sondern vielmehr als ›vital‹ und ›lebendig‹ begreifen. Gegenwärtige Formen des Regierens mobilisieren biologische, geologische oder technologische Varianten des Nicht-

Menschlichen, um spezifische Gesellschaftsregime und Lebensweisen abzusichern und zu fördern. Nicht-menschliche Organismen, geologische Kräfte und technologische Artefakte werden dabei weder marginalisiert und ignoriert noch als passiv und träge betrachtet; vielmehr wird ihr ›Tun‹ aktiv kooptiert (etwa in Prozessen der Digitalisierung, Molekularisierung und Informatisierung) und für eine Vielzahl politischer, ökologischer und wirtschaftlicher Strategien eingesetzt (vgl. Anderson 2011b; Barry 2013).

So sind etwa Konzepte wie ›Resilienz‹, ›natürliches Kapital‹ oder ›Ökosystemdienstleistungen‹ inzwischen zu einem integralen Bestandteil der Mainstream-Ökonomie und Umweltpolitik geworden. Sie haben eine Vielzahl von Märkten und Strategien hervorgebracht, die auf die Identifizierung und Messung des wirtschaftlichen Wertes der ökologischen Arbeit nicht-menschlicher Entitäten zielen (vgl. Nelson 2015; Walker und Cooper 2011; Battistoni 2017a). Mit anderen Worten: Der environmentale Regierungsmodus droht wichtige analytische und konzeptuelle Komponenten des neomaterialistischen Diskurses wie z.B. die Konzentration auf das Handeln von Nicht-Menschen und die Betonung von Kontingenz, Komplexität und Nicht-Determination zu vereinnahmen. Er zielt allerdings gerade nicht auf die Überwindung der kapitalistischen Matrix und gegenwärtiger Formen der Produktion und Konsumption, sondern verfolgt im Gegenteil die Vision eines ökologisch aufgeklärten Regimes, das ›natürliche‹ Prozesse nachhaltig kontrolliert und kapitalisiert.

Die ›Ökologisierung‹ zeitgenössischer Machtverhältnisse erfordert auch eine kritische Auseinandersetzung mit dem inzwischen populären Etikett des Anthropozäns. Die Anthropozän-Erzählung stellt eine nachhaltige Zukunft unter Einschluss der Interessen und Rechte der Nicht-Menschen in Aussicht. Während viele neomaterialistische Autor_innen diesen Schritt über anthropozentrische Denk- und Handlungsmuster hinaus mehr oder weniger direkt mit einer ›grüneren‹ oder demokratischeren Politik verbinden, könnte dieser veränderte ontologische Rahmen den Prozess der kapitalistischen Mobilisierung menschlicher und nicht-menschlicher Natur im Gegenteil intensivieren und ausweiten (vgl. Pellizzoni 2015: 8; Swyngedouw und Ernstson 2018: 11; Neyrat 2018). Der »nonhuman turn« (Grusin 2015) und die Abkehr von anthropozentrischen Ontologien ist keineswegs unvereinbar mit techno-managerialen Visionen und kapitalistischen Imaginationen. Es ist daher kein Zufall, dass Paul Crutzen, der zusammen mit Eugene F. Stoermer den Begriff des Anthropozän geprägt hat, auch für Klimamanagement und Geo-Engineering-Strategien eingetreten ist (siehe z.B. Crutzen 2002: 23).

Haraway, Tsing und andere neomaterialistische Autor_innen haben überzeugend die Bedeutung ökologischer Beziehungen der Ko-Existenz und der konstitutiven Interdependenz aufgezeigt und gegen Visionen einer totalen Subsumtion und Beherrschung die Möglichkeit besserer und gerechterer Lebensverhältnisse auf der Erde eingeklagt. Allerdings geht dabei manchmal die wichtige Einsicht verloren, dass die Prinzipien der Fluidität, Unbestimmtheit und Plastizität innerhalb sehr unterschiedlicher und widersprüchlicher Regime von Praktiken operieren (können). Ihre politische Bedeutung ist gerade nicht feststehend und unveränderlich, sondern selbst fluide und flexibel. Wiederum ist festzuhalten, dass viele neomaterialistische Arbeiten hinter die Programmatik des relationalen Materialismus zurückfallen und eine Tendenz zur Re-Essenzialisierung bzw. Romantisierung von Beziehungen aufweisen. Dies gilt auch für die normative Priorisierung von Instabilität und Wandel. Sie erklärt die häufig anzutreffende Schwierigkeit neomaterialistischer Autor_innen, dauerhafte Strukturen und Prozessmuster in den Blick zu nehmen, insbesondere die Reproduktion von Macht- und Herrschaftsverhältnissen. Um das analytische und kritische Potenzial der Neuen Materialismen auszuschöpfen, ist es von zentraler Bedeutung, systematisch Machtasymmetrien, Ungleichheitsverhältnisse und Ausschlussmechanismen in die relational-materialistische Untersuchung einzubeziehen. Schließlich ist es notwendig, einen Ethikbegriff zu profilieren, der über das Moment der Affirmation hinaus auch zerstörerische Kräfte und negative Dynamiken sowie Konflikte und Kämpfe zwischen alternativen Formen des »Werden[s] der Welt« (Barad 2012a: 101) analysiert, um gerechtere oder egalitärere Gefüge zu ermöglichen.

Schluss

In diesem Buch haben wir zunächst Grundannahmen und Ziele der objektorientierten Ontologie (OOO), des vitalen Materialismus und des agentiellen Realismus vorgestellt und dann drei zentrale Themen neomaterialistischer Arbeiten untersucht: die Frage des Posthumanismus, die Forderung nach Transdisziplinarität und die Auseinandersetzung mit ökologischen Krisenerfahrungen. Die Darstellung fokussierte dabei auf einige prominente Autor_innen im Feld der Neuen Materialismen, während das letzte Kapitel eine Reihe von allgemeinen konzeptuellen Blindstellen und theoretischen Ambivalenzen innerhalb des neomaterialistischen Diskurses aufgezeigt hat, die dessen analytischen Vorzüge und kritischen Potenziale tendenziell unterlaufen. Unserer Diagnose zufolge resultieren viele dieser Probleme in einer mangelnden Umsetzung des relational-ontologischen Impulses und dessen unzureichender Verschränkung mit epistemologischen, politischen und ethischen Fragen. Der von uns vorgeschlagene relationale Materialismus zielt allerdings nicht auf eine Ablehnung oder Zurückweisung der Neuen Materialismen, sondern schließt an wichtige Impulse dieser Denkbewegung an und soll dessen Programm vertiefen und erweitern.

Die neomaterialistische Agenda besitzt drei wichtige analytische Stärken. Die Bedeutung des *material turn* für die Kultur- und Sozialwissenschaften liegt zunächst darin, dass er zu einer Intensivierung des theoretischen, konzeptuellen und empirischen

Austauschs mit den Naturwissenschaften beiträgt. Dabei lassen sich schon jetzt produktive Irritationen von etablierten wissenschaftlichen Kategorien und disziplinären Routinen beobachten. Es ist zweifellos sinnvoll, ja notwendig, sich mit naturwissenschaftlichen Wissensbeständen konstruktiv auseinanderzusetzen und diese kreativ anzueignen – allerdings ohne in einen wissenschaftlichen Positivismus zurückzufallen oder ein spezifisches Konzept von Materie gegenüber anderen zu privilegieren, wie es bislang in Teilen der neomaterialistischen Literatur der Fall ist. Die Neuen Materialismen eröffnen nichtsdestotrotz innovative Formen wissenschaftlicher Analyse und gesellschaftlichen Engagements. So sind im neomaterialistischen Vokabular Begriffe wie Materie, Ontologie, Natur und Biologie nicht notwendigerweise mit deterministischen, essenzialistischen oder reduktionistischen Analyseformen verknüpft (vgl. Fraser 2002). Neue Materialismen fordern vielmehr kritische Imaginationen und deren Selbstverständnis heraus, wenn sie die Vorstellung einer stabilen, statischen und unveränderlichen Natur infrage stellen. Kritische Analyseinstrumente wie ›Biologisierung‹, ›Naturalisierung‹ oder ›Verdinglichung‹ sind dabei selbst Gegenstand der Kritik, insofern sie auf Vorstellungen von Biologie, Natur und Dingheit zurückgreifen, die auf ihre Voraussetzungen und Grenzen hin zu befragen sind.

Eine zweite Stärke der Neuen Materialismen liegt in der engen Verknüpfung epistemologischer und ontologischer Fragen, die insbesondere Einsichten der feministischen Wissenschaftskritik aufgreift und weiterführt. Diese Verbindung ermöglicht es, entscheidend über die unproduktive Alternative zwischen einem sozialen Konstruktivismus und einem wissenschaftlichen Realismus hinauszugehen. Der analytische Blick richtet sich auf die materiellen Netzwerke und relationalen Gefüge, die für das Entstehen von Phänomenen verantwortlich sind, die als ›natürlich‹

oder ›universell‹ gelten. Auf diese Weise wird es möglich, Tiefenschichten von Materialisierungsprozessen freizulegen, um aufzuzeigen, wie scheinbar grundlegende und unveränderliche Phänomene das Ergebnis dynamischer Prozesse und performativer Praktiken sind. Damit tritt das Problem der Konstitution und Konsolidierung in den Vordergrund und – angesichts konfligierender oder alternativer Praktiken – die Frage »ontologischer Politik« (Mol 1999).

Die Verknüpfung ethischer Fragen mit politischen Problemen stellt die dritte wichtige Leistung der Neuen Materialismen dar. Sie lädt dazu ein, theoretische Konzepte und normative Überlegungen systematisch miteinander zu verbinden, und verschränkt die Dimension der Selbstverhältnisse mit Themen kollektiver Gestaltung und gesellschaftlicher Machtverhältnisse. Auch wenn die dabei vorgenommenen Revisionen überkommener Formen politischer Repräsentation und die vorgeschlagenen Neuimaginationen ethischer Praxis nicht immer vollständig überzeugen, dürften sie nicht nur einen wichtigen Beitrag für zukünftige Forschungsarbeiten leisten, sondern verstärken auch die gesellschaftliche Bedeutung der Neuen Materialismen.

Um das analytische und kritische Potenzial der Neuen Materialismen weiter auszuschöpfen, sind jedoch einige Hindernisse auf dem Weg zu einem konsequent relationalen Materialismus aus dem Weg zu räumen. Dazu gehört eine häufig überzogene Innovationsrhetorik, die theoretische Traditionslinien und die historischen Entstehungsbedingungen der Neuen Materialismen ausblendet, um deren theoretische Originalität zu unterstreichen. So haben insbesondere feministische und postkoloniale Theorien, aber auch die *Science and Technology Studies* viele der Themen und Kritikpunkte vorweggenommen oder in ähnlicher Weise artikuliert, wie dies gegenwärtig unter dem Label des Neomaterialismus der Fall ist. Darüber hinaus ist es sinnvoll, die einseitige und oft verzerrte neomaterialistische Kritik an dem vermeintlichen ›Kulturalismus‹ poststrukturalistischer Ansätze zu relativieren – nicht zuletzt weil diese Kritik häufig mit der irrigen Vorstellung verknüpft wird, dass Materie von Interpretation, Bedeutung und Diskurs getrennt werden könne (vgl. Ahmed 2008; Bruining 2013). So wichtig Akzentverlagerungen und Revisionen der »Hegemonie kultureller, diskursiver und textueller Methodologien« (Kirby 2017: 9) im Einzelnen sein mögen, es ist unverzichtbar, an die zentralen Einsichten und den theoretischen Reichtum poststrukturalistischer Arbeiten kritisch anzuknüpfen. Pauschale Angriffe auf ›den Poststrukturalismus‹ ignorieren die zahlreichen neomaterialistischen Anschlüsse an Autor_innen wie Deleuze, Foucault und Butler. Schließlich ist es notwendig, die neomaterialistische Agenda enger mit den vielfältigen konzeptuellen und theoretischen Ressourcen der materialistischen Tradition zu verbinden. Während die neomaterialistische Literatur dazu tendiert, historische Brüche und Diskontinuitäten zu betonen, ist es produktiver, den gegenwärtigen *material turn* mit der Geschichte und den Zielsetzungen materialistischen Denkens in Beziehung zu setzen (vgl. Lettow 2017). Den relationalen Impuls aufnehmend, könnte es so darum gehen, dessen Potenzial zur Erneuerung oder Revision aktueller Formen der Analyse und Kritik zu untersuchen. In diesem Sinne ist es hilfreich, den Akzent von der Suche nach Differenzen auf mögliche Allianzen zu verschieben und die Verbindungslinien zwischen materialistischer Tradition und poststrukturalistischen Theorien herauszustellen.

Das vielleicht größte Problem für die Neuen Materialismen, das sowohl ihre analytische Erklärungskraft als auch ihr politisches Potenzial empfindlich beschränkt, ist die von uns aufgezeigte Essenzialisierung von Relationen. Wie wir gesehen haben, zeichnen sich viele Positionen im Feld durch ein reduktionistisches oder unterkomplexes Verständnis des Politischen aus, das vor allem auf die affirmative Kraft bestehender Gefüge oder die positive Wirkung der Ding-Macht vertraut. Hinzu kommt, dass einige neomaterialistische Autor_innen die Aufmerksamkeit von politischen Problemen auf ethische und ästhetische Fragen verlagern bzw. das Verhältnis von Politik auf der einen und Ethik oder Ästhetik auf der anderen Seite unklar bleibt.

Jenseits der im Einzelnen sehr unterschiedlichen Positionen zeichnen sich die Neuen Materialismen durch ein übergreifendes Paradoxon aus. Einerseits betont die neomaterialistische Literatur unabgeschlossene Dynamiken und kontingente Trajektorien, andererseits neigt sie oft dazu, von einer unidirektionalen und determinierbaren (um nicht zu sagen: idealistischen) Verbindung zwischen Ontologie und Politik auszugehen. Demnach folgt eine radikale Politik mehr oder weniger direkt aus einem alternativen Ontologieverständnis. Es ist jedoch wichtig, das Prinzip der Kontingenz konsequent zu beachten: Politik ist nicht das direkte Ergebnis und die unmittelbare Wirkung onto-epistemologischer Konfigurationen. Es gibt keinen notwendigen Kausalzusammenhang zwischen der Idee der Materie als agentiv und einer emanzipativen Politik. Wie Erik Swyngedouw und Henrik Ernstson anmerken, »garantiert die immanentistische Ontologie des vielgestaltigen Handelns der Erde an sich noch keine politische Transformation.« (2018: 12; siehe auch Ellenzweig und Zammito 2017: 9; Willey 2017: 149) Entgegen dem Fehlschluss, die Einsicht in die radikale Relationalität der Welt mache politisch ›immer schon‹ einen Unterschied, muss es in der Tat darum gehen – eine alte materialistische Einsicht aufgreifend –, »sie zu verändern« (Marx)[17], indem das Politische neu artikuliert und anders in Kraft gesetzt wird.

Anhang

Anmerkungen

1 Für dieses Einführungsbuch greifen wir auf Material aus unterschiedlichen (gemeinsamen) Veröffentlichungen zurück: Thomas Lemke, *The Government of Things. Foucault and the New Materialisms*, New York und London: New York University Press (im Erscheinen); Katharina Hoppe/Thomas Lemke: »Die Macht der Materie. Grundlagen und Grenzen des agentiellen Realismus von Karen Barad«, in: *Soziale Welt* 66 (2015), S. 261–279; Katharina Hoppe: »Politik der Antwort: Zum Verhältnis von Ethik und Politik in Neuen Materialismen, in: *Behemoth. A Journal on Civilization* 10(1) (2017), S. 10–28; Katharina Hoppe: »Donna Haraways Gefährt*innen: Zur Ethik und Politik der Verwobenheit von Technologien, Geschlecht und Ökologie«, in: *Feministische Studien* 37(2) (2019), S. 250–268.

2 Wir verwenden den Plural, um die Vielfalt der wissenschaftlichen Interessen und die theoretische Heterogenität dieser Forschungsperspektive zu betonen.

3 Alle Übertragungen aus dem Englischen stammen von uns.

4 Die genaue Bezeichnung des wissenschaftlichen Netzwerks lautet *New Materialism: Networking European Scholarship on »How Matter Comes to Matter«* (COST-Action IS1307; siehe http://www.cost.eu/domains_actions/isch/Actions/IS1307)

5 Wenig überraschend stellt dieses fluide und offene Konzept der Dinge den Hauptstreitpunkt mit den Befürworter_innen der objektorientierten Ontologie dar. Anstatt sich isolierte Objekte vorzustellen, geht Bennett davon aus, dass »die Materie die Neigung hat, Verbindungen herzustellen und Beziehungsnetze mit unterschiedlichem Stabilitätsgrad zu bilden« (Bennett 2004: 354). Harman hat daher kritisiert, dass Bennetts Beharren auf der Lebendigkeit der Materie dazu führt, die Vorstellung »voll ausgebildeter Individuen« abzulehnen, um sie durch eine »verwöhnte Schicht von Elementarteilen« zu ersetzen (Harman 2016: 20, 96; 2011). Zur Unterscheidung zwischen den Be-

griffen »Ding« (oder Körper) einerseits und »Objekt« andererseits siehe Bennett 2015: 234; Bennett und Watson 2013: 156 f.

6 Bennett erwähnt das Konzept des »Deodand«, das im englischen Recht vom 13. Jahrhundert bis zur Mitte des 19. Jahrhunderts Anwendung fand und die Handlungsfähigkeit nicht-menschlicher Wesen anerkannte: »In Fällen, in denen ein Mensch unfallbedingt zu Tode kam oder verletzt wurde, wurde der nichtmenschliche Aktant als Deodand (wörtlich: ›das, was Gott zukommt‹) bezeichnet – das Tranchiermesser etwa, das in menschliches Fleisch gefallen war, oder die Kutsche, die das Bein eines Fußgängers zerquetscht hatte. In Anerkennung seiner besonderen Wirkmächtigkeit [...] wurde der Deodand [...] der Krone überlassen, um zur Kompensation des erlittenen Schadens eingesetzt (oder verkauft) zu werden« (Bennett 2020: 39).

7 Manche Kapitel des Buches liegen in deutscher Übersetzung vor (vgl. Barad 2012a; 2013). Zudem sind in dem Band *Verschränkungen* (Barad 2015b) einige Aufsätze in deutscher Sprache verfügbar.

8 Barad zufolge geht Bohr an dieser Stelle entscheidend über das Theorem der Unschärferelation von Werner Heisenberg hinaus. Für Heisenberg folgt aus dem Paradox der Messung, dass das, was wir wissen können, begrenzt ist. Mit anderen Worten: Wir können die konkrete Position eines Teilchens bestimmen, nicht aber dessen Impuls. Die Kritik Bohrs an diesem Prinzip zielt auf Heisenbergs Annahme, dass der Impuls unabhängig von der Messung existiert, wir ihn nur nicht erkennen können. In Bohrs Interpretation ist das zu messende Phänomen *ontologisch* abhängig vom Messapparat. Allerdings kritisiert Barad, dass Bohr in seiner Arbeit auf erkenntnistheoretische Fragen fokussiert, während sie die ontologischen Konsequenzen seines Theorems zu explizieren versucht (vgl. Barad 2007: 116, 19; siehe auch Barad 2010: 258 f.; Bohr 1985).

9 Sowohl der Begriff der Technowissenschaften als auch das Konzept der Naturkulturen (Orig. *natureecultures*) ist stark von den Arbeiten Donna Haraways geprägt. Ersterer verweist auf die systematische Verflechtung von Wissenschaft, Technologie und Gesellschaft (vgl. Haraway 1997: 4), während letzteres die Unmöglichkeit beschreibt, trennscharf zwischen natürlichen und kulturellen Elementen zu unterscheiden (vgl. Haraway 2016: 9). Haraways Beitrag zu den Neuen Materialismen stellen wir in Kapitel 6 näher vor.

10 Barads Konzeption unterscheidet sich in dieser Hinsicht markant von der Bestimmung des Verhältnisses von Ontologie und Politik, das sich in den Arbeiten der Wissenschafts- und Technikforscherin Annemarie Mol findet: »*Ontologische Politik* ist ein zusammengesetzter Begriff. Er spricht von *Ontologie* – die im üblichen philosophischen Sprachgebrauch definiert, was zum Realen gehört, die Bedingungen der Möglichkeit, mit denen wir leben. Wenn der Begriff ›Ontologie‹ mit dem Begriff ›Politik‹ definiert wird, dann legt dies nahe, dass die Bedingungen der Möglichkeit nicht gegeben sind. Diese Realität geht den alltäglichen Praktiken, in denen wir mit ihr interagieren, nicht voraus, sondern wird vielmehr innerhalb dieser Praktiken geformt. Der Begriff *Politik* unterstreicht also diesen aktiven Modus, diesen Prozess der Gestaltung und die Tatsache, dass sein Charakter sowohl offen als auch umstritten ist« (Mol 1999: 74 f.; Hervorh. im Orig.). Im Vergleich zu dieser Konzeption ›ontologischer Politik‹ bleibt im agentiellen Realismus ein entscheidender Aspekt unterentwickelt. Wie Mol stellt auch Barad die Relationalität und Performativität von Ontologien heraus; anders als der »relationale Materialismus« (Mol 2013: 381) erfasst der agentielle Realismus jedoch die politischen Dimensionen von Kontingenz und Intraaktivität nur ansatzweise.

11 Bemerkenswert ist, dass Barad sich überwiegend auf Foucaults Arbeiten aus den frühen und mittleren 1970er Jahren bezieht, nicht aber auf die Analytik der Regierung, die Foucault in seinen späteren Vorlesungen zur Geschichte der Gouvernementalität am Collège de France in den Jahren 1977/78 und 1978/79 ausarbeitet (Foucault 2004a; 2004b). Gerade hier finden sich jedoch Anhaltspunkte für einen stärkeren Einbezug des Materiellen. Für die Skizzierung der posthumanistischen Perspektive einer »Regierung der Dinge« in Foucaults Vorlesungen zur Geschichte der Gouvernementalität vgl. Lemke 2015.

12 Aus diesem Grund räumt Grosz der Kunst einen zentralen Stellenwert für die feministische Theorie und Praxis ein. Wie Darwin schreibt sie ästhetische Kompetenzen nicht nur Menschen, sondern auch Tieren, Pflanzen und dem Materiellen insgesamt zu (siehe hierzu etwa Grosz 2011: 187–201).

13 Wilson zufolge haben feministische Arbeiten die Neurowissenschaften (zu) häufig als homogen und reduktionistisch begriffen. Diese Ein-

schätzung hat sie selbst freilich nicht davon abgehalten, eine Kritik der Neurowissenschaften zu formulieren, die ihnen eine kognitivistische Verengung psychischer Prozesse vorwirft. In ihrer Monografie *Neural Geographies* (1998) weist sie auf die komplexen Zusammenhänge zwischen Hirnaktivitäten und periphereren körperlichen Prozessen hin und kritisiert die Gleichsetzung des Gehirns mit der Psyche als entmaterialisierend. Dieses Thema vertieft sie in ihren späteren Arbeiten, die wir hier ins Zentrum der Betrachtung stellen.

14 In einem Artikel, den Wilson einige Jahre nach dem Erscheinen des Buches veröffentlicht hat (Wilson 2018), konkretisiert sie die politischen Implikationen ihres feministischen Projekts, die sie in *Gut Feminism* eher andeutet als ausführt. In einer kritischen Auseinandersetzung mit Barads These einer »queeren Performativität der Natur« (Barad 2015a) weist sie darauf hin, dass es wichtig sei, das Zerstörerische einer solchen Queerness zu akzentuieren und die möglichen Rekonfigurationen der Welt, die Wilson zufolge bei Barad zu produktiv erscheinen, in ihrer intrinsischen Negativität zu begreifen.

15 Mit dieser methodischen Ausrichtung schließen Tsing und andere Neomaterialist_innen in ihrer Analyse ökologischer Prozesse an Projekte einer »Multispezies-Ethnographie« (Kirksey und Helmreich 2010) an. Diese wählen einen ethnografischen Zugang, der den analytischen Fokus auf menschliche Kulturen und Kollektive überwinden will und die Konstitutionsbedingungen des ›Menschlichen‹ in heterogenen – von unterschiedlichen Spezies geprägten – ökologischen Settings untersucht (siehe Livingston und Puar 2011; Kirksey 2014). Teilweise überschneiden sich diese methodologischen Orientierungen mit dem Forschungsfeld der *Environmental Humanities*, die seit den 2000er Jahren daran arbeiten, ökologische Fragen explizit zum Thema der Kultur- und Sozialwissenschaften zu machen (Bergthaller et al. 2014; Neimanis et al. 2015).

16 Vgl. demgegenüber die Arbeiten von John Law und Annemarie Mol, die relational-ontologische Konzepte mit einer materiell-semiotischen Forschungsagenda im Programm eines »relationalen Materialismus« verknüpfen (Law 1992: 389; 1994; Mol 2013: 381).

17 In Marx' 1845 verfassten *Thesen über Feuerbach* heißt es bekanntlich: »Die Philosophen haben die Welt nur verschieden *interpretiert*, es kömmt drauf an, sie zu *verändern*« (Marx 1990: 7; Hervorh. im Orig.).

Literatur

Abrahamsson, Sebastian/Bertoni, Filippo/Mol, Annemarie/Martín, Rebeca Ibáñez (2015): »Living with Omega-3: New Materialism and Enduring Concerns«, in: Environment and Planning D 33(1), S. 4–19.

Ahmed, Sara (2008): »Open Forum Imaginary Prohibitions: Some Preliminary Remarks on the Founding Gestures of the ›New Materialism‹«, in: European Journal of Women's Studies 15(1), S. 23–39.

Alaimo, Stacy (2008): »Trans-Corporeal Feminisms and the Ethical Space of Nature«, in: Material Feminisms, hrsg. von ders. und Susan Hekman, Bloomington: Indiana University Press, S. 237–263.

Alaimo, Stacy (2014): »Thinking as the Stuff of the World«, in: O-Zone: A Journal of Object-Oriented Studies 1(1), S. 13–21.

Alaimo, Stacy/Hekman, Susan (Hrsg.) (2008): Material Feminisms, Bloomington: Indiana University Press.

Albernaz, Joseph (2018): »Speculum of the Other Cene: Donna Haraway's Staying with the Trouble: Making Kin in the Chthulucene«, in: qui parle 27(1), S. 233–250.

Anderson, Ben (2010): »Population and Affective Perception: Biopolitics and Anticipatory Action in US Counterinsurgency Doctrine«, in: Antipode 43(2), S. 205–236.

Anderson, Ben (2011a): »Affect and Biopower: Towards a Politics of Life«, in: Transactions of the Institute of British Geographers 37(1), S. 28–43.

Anderson, Ben (2011b): »Book review forum: Vibrant Matter: A Political Ecology of Things«, in: Dialogues in Human Geography 1(3), S. 393–396.

Appadurai, Arjun (1998): The Social Life of Things. Commodities in Cultural Perspectives, Cambridge: Cambridge University Press.

Aradau, Claudia (2010): »Security That Matters: Critical Infrastructure and Objects of Protection«, in: Security Dialogue 41(5), S. 491–514.

Åsberg, Cecilia (2010): »Enter Cyborg: Posthumanities and the Ontological Turn of Feminist Theory«, in: International Journal of Feminist Technoscience, S. 1–25.
Åsberg, Cecilia (2013): »The Timely Ethics of Posthumanist Gender Studies«, in: Feministische Studien 13(1), S. 7–12.
Åsberg, Cecilia (2018): »Feminist Posthumanities in the Anthropocene: Forays into the Postnatural«, in: Journal of Posthuman Studies 1(2), S. 185–204.
Åsberg, Cecilia/Birke, Lynda (2010): »Biology is a Feminist Issue. Interview with Lynda Birke«, in: European Journal of Women's Studies 17(4), S. 413–423.
Åsberg, Cecilia/Braidotti, Rosi (Hrsg.) (2018): A Feminist Companion to the Posthumanities, Cham: Springer.
Åsberg, Cecilia/Koobak, Redi/Johnson, Ericka (2011): »Beyond the Humanist Imagination«, in: NORA – Nordic Journal of Feminist and Gender Research 19(4), S. 218–230.
Bailey, Ronald (2005): Liberation Biology. The Scientific and Moral Case for the Biotech Revolution, Amherst: Prometheus Books.
Barad, Karen (2003): »Posthumanist Performativity. Toward an Understanding of How Matter Comes to Matter«, in: Signs: Journal of Women in Culture & Society 28(3), S. 801–831.
Barad, Karen (2007): Meeting the Universe Halfway. Quantum Physics and the Entanglement of Matter and Meaning, Durham/London: Duke University Press.
Barad, Karen (2010): »Quantum Entanglements and Hauntological Relations of Inheritance. Dis/continuities, SpaceTime Enfoldings, and Justice-to-Come«, in: Derrida Today 3(2), S. 240–268.
Barad, Karen (2011): »Erasers and Erasures. Pinch's Unfortunate ›Uncertainty Principle‹«, in: Social Studies of Science 41(3), S. 443–454.
Barad, Karen (2012a): Agentieller Realismus. Über die Bedeutung materiell-diskursiver Praktiken, Berlin: Suhrkamp.
Barad, Karen (2012b): »Intra-active Entanglements. An Interview with Karen Barad by Malou Juelskjær and Nete Schwennesen«, in: Kvinder, Køn & Forskning/Women, Gender and Research (1–2), S. 10–24.
Barad, Karen (2012c): »On Touching: The Inhuman That Therefore I Am«, in: differences 23(3), S. 206–223.

Barad, Karen (2013): »Diffraktionen: Differenzen, Kontingenzen und Verschränkungen von Gewicht«, in: Geschlechter Interferenzen. Wissensformen – Subjektivierungsweisen – Materialisierungen, hrsg. von Corinna Bath, Hanna Meißner, Stephan Trinkaus und Susanne Völker, Münster: LIT Verlag, S. 27–67.

Barad, Karen (2014): »Diffracting Diffraction. Cutting Together-Apart«, in: Parallax 20(3), S. 168–187.

Barad, Karen (2015a): »Die queere Performativität der Natur«, in: dies., Verschränkungen, Berlin: Merve, S. 115–173.

Barad, Karen (2015b): Verschränkungen, Berlin: Merve.

Barla, Josef (2019): The Techno-Apparatus of Bodily Production. A New Materialist Theory of Technology and the Body, Bielefeld: transcript.

Barry, Andrew (2013): Material Politics. Disputes Along the Pipeline, Malden/Oxford: Wiley-Blackwell.

Bath, Corinna/Meißner, Hanna/Trinkaus, Stephan/Völker, Susanne (Hrsg.) (2017): Verantwortung und Un/Verfügbarkeit. Impulse und Zugänge eines (neo)materialistischen Feminismus, Münster: Westfälisches Dampfboot.

Battistoni, Alyssa (2017a): »Bringing in the Work of Nature«, in: Political Theory 45(1), S. 5–31.

Battistoni, Alyssa (2017b): »Monstrous, Duplicated, Potent. On Donna Haraway« (n+1, 28). Online verfügbar unter https://nplusonemag.com/issue-28/reviews/monstrous-duplicated-potent/, zuletzt geprüft am 02.08.2018.

Bennett, Jane (2001): The Enchantment of Modern Life. Attachments, Crossings, and Ethics, Princeton: Princeton University Press.

Bennett, Jane (2004): »The Force of Things: Steps toward an Ecology of Matter«, in: Political Theory 32(3), S. 347–372.

Bennett, Jane (2005): »In Parliament with Things«, in: Radical Democracy. Politics Between Abundance and Lack, hrsg. von Lars Tønder und Lasse Thomassen, Manchester: Manchester University Press, S. 133–148.

Bennett, Jane (2007): »Edible Matter«, in: New Left Review 45, S. 133–145.

Bennett, Jane (2011): »Author Response«, in: Dialogues in Human Geography 1(3), S. 404–406.

Bennett, Jane (2015): »Systems and Things: On Vital Materialism and Object-Oriented Philosophy«, in: The Nonhuman Turn, hrsg. von Richard Grusin, Minneapolis/London: University of Minnesota Press, S. 223–239.
Bennett, Jane (2020): Lebhafte Materie. Eine politische Ökologie der Dinge, Berlin: Matthes & Seitz.
Bennett, Jane/Khan, Gulshan (2009): »Agency, Nature and Emergent Properties: An Interview with Jane Bennett«, in: Contemporary Political Theory 8(1), S. 90–105.
Bennett, Jane/Loenhart, Klaus (2011): »Vibrant Matter, Zero Landscape. An Interview with Jane Bennett«, in: GAM 7, S. 1–7.
Bennett, Jane/Watson, Janell (2013): »Eco-Sensibilities: An Interview with Jane Bennett«, in: Minnesota Review 81, S. 147–158.
Bennett, Tony/Joyce, Patrick (Hrsg.) (2010): Material Powers. Cultural Studies, History, and the Material Turn, London/New York: Routledge.
Benton, Ted (1991): »Biology and Social Science: Why the Return of the Repressed Should be Given a (Cautious) Welcome«, in: Sociology 25(1), S. 1–29.
Berg, Anne-Jorunn (2019): »The Cyborg, Its Friends and Feminist Theories of Materiality«, in: Discussing New Materialism, hrsg. von Ulrike Tikvah Kissmann und Joost van Loon, Wiesbaden: Springer, S. 69–86.
Bergson, Henri (1998): Creative Evolution, New York: Dover.
Bergthaller, Hannes/Emmett, Rob/Johns-Putra, Adeline/Kneitz, Agnes/Lidström, Susanna/McCorristine, Shane et al. (2014): »Mapping Common Ground: Ecocriticism, Environmental History, and the Environmental Humanities«, in: Environmental Humanities 5(1), S. 261–276.
Berkhout, Suze G./Jaarsma, Ada (2016): »Review of Elizabeth Wilson, Gut Feminism«, in: Hypatia Reviews Online. Online verfügbar unter https://www.hypatiareviews.org/reviews/content/16, zuletzt geprüft am 31.08.2020.
Birke, Lynda (1999): Feminism and the Biological Body, Edinburgh: Rutgers University Press.
Bogost, Ian (2012): Alien Phenomenology: What it's like to be a Thing, Minneapolis/London: University of Minnesota Press.
Bohr, Niels (1985): »Atomphysik und Philosophie. Kausalität und Komplementarität«, in: ders., Atomphysik und menschliche Erkenntnis. Auf-

sätze und Vorträge aus den Jahren 1930 bis 1961, Braunschweig/Wiesbaden: Vieweg, S. 104–110.

Bolt, Barbara/Barrett, Estelle (Hrsg.) (2013): Carnal Knowledge: Towards a New Materialism Through the Arts, London: IB Tauris.

Bonneuil, Christophe/Fressoz, Jean-Baptiste (2016): The Shock of the Anthropocene. The Earth, History and Us, London/New York: Verso.

Bostrom, Nick (2005): »A History of Transhumanist Thought«, in: Journal of Evolution & Technology 14(1), S. 1–25.

Braidotti, Rosi (1991): Patterns of Dissonance. A Study of Women in Contemporary Philosophy, London/New York: Routledge.

Braidotti, Rosi (1994): Nomadic Subjects. Embodiment and Sexual Difference in Contemporary Feminist Theory, New York: Columbia University Press.

Braidotti, Rosi (2002): Metamorphoses. Towards a Materialist Theory of Becoming, Cambridge und Malden: Polity Press.

Braidotti, Rosi (2006a): »Affirmation versus Vulnerability. On Contemporary Ethical Debates«, in: Symposium. Canadian Journal of Continental Philosophy 10(1), S. 235–254.

Braidotti, Rosi (2006b): Transpositions. On Nomadic Ethics, Cambridge/Malden: Polity Press.

Braidotti, Rosi (2012): »›The notion of the univocity of Being or single matter positions difference as a verb or process of becoming at the heart of the matter‹. Interview with Rosi Braidotti«, in: New Materialism: Interviews & Cartographies hrsg. von Rick Dolphijn und Iris van der Tuin, Ann Arbor: Open Humanities Press, S. 19–37.

Braidotti, Rosi (2014): Posthumanismus. Leben jenseits des Menschen, Frankfurt am Main/New York: Campus.

Braidotti, Rosi (2018): Politik der Affirmation, Berlin: Merve.

Braidotti, Rosi/Bignall, Simone (Hrsg.) (2019): Posthuman Ecologies. Complexity and Process after Deleuze, London: Rowman & Littlefield.

Braidotti, Rosi/Hlavajova, Maria (Hrsg.) (2018): Posthuman Glossary, London: Bloomsbury.

Brassier, Ray/Grant, Iain Hamilton/Harman, Graham/Meillassoux, Quentin (2007): »Speculative Realism«, in: Collapse: Philosophical Research and Development, Vol. 3, hrsg. von Robin Mackay, Falmouth: Urbanomic, S. 307–450.

Braun, Bruce (2004): »Modalities of Posthumanism«, in: Environment and Planning A 36(8), S. 1352–1355.
Braun, Bruce (2008): »Environmental Issues: Inventive Life«, in: Progress in Human Geography 32(5), S. 667–679.
Braun, Bruce (2011): »Review of Vibrant Matter: A Political Ecology of Things by Jane Bennett«, in: Dialogues in Human Geography 1(3), S. 390–393.
Braun, Bruce (2015): »The 2013 Antipode RGS-IBG Lecture. New Materialism and Neoliberal Natures«, in: Antipode 47(1), S. 1–14.
Braun, Bruce/Whatmore, Sarah (Hrsg.) (2010a): Political Matter. Technoscience, Democracy, and Public Life, Minneapolis/London: University of Minnesota Press.
Braun, Bruce/Whatmore, Sarah (2010b): »The Stuff of Politics. An Introduction«, in: Political Matter. Technoscience, Democracy, and Public Life, hrsg. von dens., Minneapolis/London: University of Minnesota Press, S. ix–xl.
Braun, Hermann (1982): »Materialismus – Idealismus«, in: Geschichtliche Grundbegriffe. Historisches Lexikon zur politisch-sozialen Sprache in Deutschland, hrsg. von Otto Brunner, Werner Conze und Reinhart Koselleck, Stuttgart: Klett-Cotta, S. 977–1019.
Braunmühl, Caroline (2018): »Beyond Hierarchical Oppositions: A Feminist Critique of Karen Barad's Agential Realism«, in: Feminist Theory 19(2), S. 223–240.
Bruining, Dennis (2013): »A Somatechnics of Moralism. New Materialism or Material Foundationalism?«, in: Somatechnics 3(1), S. 149–168.
Brunner, Eric J./Jones, Peter J. S./Friel, Sharon/Bartley, Mel (2009): »Fish, Human Health and Marine Ecosystem Health: Policies in Collision«, in: International Journal of Epidemiology 38(1), S. 93–100.
Bryant, Levi (2011): The Democracy of Objects, Ann Arbor: Open Humanities Press.
Bryant, Levi/Srnicek, Nick/Harman, Graham (Hrsg.) (2011): The Specultive Turn: Continental Materialism and Realism, Melbourne: re:press.
Butler, Judith (1997): Körper von Gewicht. Die diskursiven Grenzen des Geschlechts, Frankfurt am Main: Suhrkamp.
Butler, Judith (2003): Kritik der ethischen Gewalt. Adorno-Vorlesungen 2002, Frankfurt am Main: Suhrkamp.

Butler, Judith (2005): Gefährdetes Leben. Politische Essays, Frankfurt am Main: Suhrkamp.

Butler, Judith (2014): »Reflections on Ethics, Destructiveness, and Life: Rosi Braidotti and the Posthuman«, in: The Subject of Rosi Braidotti. Politics and Concepts, hrsg. von Bolette Blaagaard und Iris van der Tuin, London: Bloomsbury, S. 21–28.

Callon, Michel (2006): »Einige Elemente einer Soziologie der Übersetzung. Die Domestikation der Kammmuscheln und der Fischer der St. Brieuc-Bucht«, in: ANThology. Ein einführendes Handbuch zur Akteur-Netzwerk-Theorie, hrsg. von Andrea Belliger und David J. Krieger, Bielefeld: transcript, S. 135–174.

Campbell, Norah/Dunne, Stephen/Ennis, Paul (2019): »Graham Harman, Immaterialism: Objects and Social Theory«, in: Theory, Culture & Society 36(3), S. 121–37.

Casselot, Marie-Anne (2016): »Ecofeminist Echoes in New Materialism?«, in: PhaenEx. Journal of Existential and Phenomenological Theory and Critique 11(1), S. 73–96.

Cassidy, Rebecca (2006): »›I Want to Know about the Dogs‹. The Companion Species Manifesto: Dogs, People, and Significant Otherness by Donna Haraway«, in: Theory, Culture & Society 23(7–8), S. 324–328.

Castree, Noel (2003): »A Post-environmental Ethics?«, in: Ethics, Place & Environment 6(1), S. 3–12.

Castree, Noel/Nash, Catherine (2006): »Posthuman Geographies«, in: Social & Cultural Geography 7(4), S. 501–504.

Clarke, Adele (2018): »Introducing Making Kin Not Population«, in: Making Kin Not Population, hrsg. von ders. und Donna Haraway, Chicago: Prickly Paradigm Press, S. 1–39.

Colebrook, Claire (2014): Death of the PostHuman. Essays on Extinction, Ann Arbor/London: Open Humanities Press.

Connolly, William E. (2013): »The ›New Materialism‹ and the Fragility of Things«, in: Millennium – Journal of International Studies 41(3), S. 399–412.

Conty, Arianne Françoise (2018): »The Politics of Nature: New Materialist Responses to the Anthropocene«, in: Theory, Culture & Society 35(7–8), S. 73–96.

Coole, Diana (2013): »Agentic Capacities and Capacious Historical Materialism: Thinking with New Materialisms in the Political Sciences«, in: Millennium 41(3), S. 451–469.
Coole, Diana H./Frost, Samantha (Hrsg.) (2010a): New Materialisms. Ontology, Agency, and Politics, Durham/London: Duke University Press.
Coole, Diana/Frost, Samantha (2010b): »Introducing the New Materialisms«, in: New Materialisms. Ontology, Agency, and Politics, hrsg. von dens., Durham/London: Duke University Press, S. 1–43.
Critchley, Simon (2008): Unendlich fordernd. Ethik der Verpflichtung, Politik des Widerstands, Zürich/Berlin: Diaphanes.
Crutzen, Paul J. (2002): »Geology of Mankind«, in: Nature 415, S. 23.
Crutzen, Paul J./Stoermer, Eugene F. (2000): »The ›Anthropocene‹«, in: Global Change Newsletter 41, S. 17–18.
Cudworth, Erika/Hobden, Stephen (2015): »Liberation for Straw Dogs? Old Materialism, New Materialism, and the Challenge of an Emancipatory Posthumanism«, in: Globalizations 12(1), S. 134–148.
Davis, Noela (2009): »New Materialism and Feminism's Anti-Biologism«, in: European Journal of Women's Studies 16(1), S. 67–80.
Dawkins, Richard (1978): Das egoistische Gen, Berlin/Heidelberg: Springer.
Deleuze, Gilles/Guattari, Félix (1992): Tausend Plateaus, Berlin: Merve.
Dempster, Beth (2000): »Sympoietic and Autopoietic Systems: A New Distinction for Self-Organizing Systems. Proceedings of the World Congress of the Systems Sciences and ISSS 2000«, online verfügbar unter http://www.bethd.ca/pubs/isss-as-sys.pdf, zuletzt geprüft am 12.03.2018.
Derrida, Jacques (1998): »›Man muss wohl essen‹ oder die Berechnung des Subjekts«, in: ders., Auslassungspunkte. Gespräche, Wien: Passagen Verlag, S. 267–298.
Derrida, Jacques (2000): Politik der Freundschaft, Frankfurt am Main: Suhrkamp.
Derrida, Jacques (2010): Das Tier, das ich also bin, Wien: Passagen Verlag.
Dolphijn, Rick/van der Tuin, Iris (Hrsg.) (2012): New Materialism: Interviews & Cartographies, Ann Arbor: Open Humanities Press.

Donaldson, Brianne (2014): »Introduction«, in: Beyond the Bifurcation of Nature: A Common World for Animals and the Environment, hrsg. von ders., Newcastle: Cambridge Scholars Publishing, S. 1–6.

Driesch, Hans (1935): Die Überwindung des Materialismus, Zürich: Rascher.

Ellenzweig, Sarah/Zammito, John H. (2017): »Introduction: New Materialism: Looking Forward, Looking Back«, in: The New Politics of Materialism. History, Philosophy, Science, hrsg. von dens., London/New York: Routledge, S. 1–15.

Ellis, Cristin (2018): Antebellum Posthuman. Race and Materiality in the Mid-Nineteenth Century, New York: Fordham University Press.

Ferrando, Francesca (2013): »Posthumanism, Transhumanism, Antihumanism, Metahumanism, and New Materialisms. Differences and Relations«, in: Existenz. International Journal in Philosophy, Religion, and the Arts 8(2), S. 26–32.

Fitsch, Hannah (2014): ... dem Gehirn beim Denken zusehen? Sicht- und Sagbarkeiten in der funktionellen Magnetresonanztomographie, Bielefeld: transcript.

Fitzgerald, Des/Callard, Felicity (2014): »Social Science and Neuroscience beyond Interdisciplinarity: Experimental Entanglements«, in: Theory, Culture & Society 32(1), S. 3–32.

Folkers, Andreas (2013): »Was ist neu am neuen Materialismus? Von der Praxis zum Ereignis«, in: Critical Matter. Diskussionen eines neuen Materialismus, hrsg. von Tobias Goll, Daniel Keil und Thomas Telios, Münster: edition assemblage, S. 16–33.

Folkers, Andreas/Opitz, Sven (2019): »Symbiose als Begriff und Gegenstand der Soziologie. Für eine Analyse von Biosozialität im Zeitalter des Mikrobioms«, in: Komplexe Dynamiken globaler und lokaler Entwicklungen. Verhandlungen des 39. Kongresses der Deutschen Gesellschaft für Soziologie in Göttingen 2018, hrsg. von Nicole Burzan, Online verfügbar unter http://publikationen.soziologie.de/index.php/kongressband_2018/article/view/1119.

Foucault, Michel (2004a): Geschichte der Gouvernementalität. I. Sicherheit, Territorium, Bevölkerung, Frankfurt am Main: Suhrkamp.

Foucault, Michel (2004b): Geschichte der Gouvernementalität. II. Die Geburt der Biopolitik, Frankfurt am Main: Suhrkamp.

Foucault, Michel (2005a): »Polemik, Politik und Problematisierungen«, in: ders., Dits et Ecrits, Schriften Bd. IV, 1980–1988, Frankfurt am Main: Suhrkamp, S. 724–734.
Foucault, Michel (2005b): »Was ist Aufklärung?«, in: ders., Dits et Ecrits, Schriften Bd. IV, 1980–1988, Frankfurt am Main: Suhrkamp, S. 687–707.
Fox, Nick J./Alldred, Pam (2016): Sociology and the New Materialism. Theory, Research, Action, London: Sage.
Franklin, Sarah (2017): »Staying with the Trouble: Making Kin in the Chthulucene by Donna Haraway«, in: American Anthropologist 119(3), S. 555–556.
Fraser, Mariam (2002): »What is the Matter of Feminist Criticism?«, in: Economy and Society 31(4), S. 606–625.
Freud, Sigmund (1971): »Bruchstück einer Hysterie-Analyse (1905 [1901])«, in: ders., Hysterie und Angst. Frankfurt am Main: Fischer, S. 83–186.
Freud, Sigmund (1987): »Beobachtung einer hochgradigen Hemianästhesie bei einem hysterischen Manne (1886)«, in: ders., Gesammelte Werke, Nachtragsband, Frankfurt am Main: Fischer, S. 54–64.
Fuller, Matthew (2005): Media Ecologies. Materialist Energies in Art and Technoculture, Cambridge: MIT Press.
Gabrys, Jennifer (2014): »Programming Environments: Environmentality and Citizen Sensing in the Smart City«, in: Environment and Planning D 32(1), S. 30–48.
Gamble, Christopher N./S. Hanan, Joshua/Nail, Thomas (2019): »What is New Materialism?«, in: Angelaki 24(6), S. 111–134.
Garske, Pia (2014): »What's the ›Matter‹? Der Materialitätsbegriff des ›New Materialism‹ und dessen Konsequenzen für feministisch-politische Handlungsfähigkeit«, in: PROKLA. Zeitschrift für kritische Sozialwissenschaft 174, S. 111–129.
Gesch, C. Bernard/Hammond, Sean M./Hampson, Sarah E./Eves, Anita/Crowder, Martin J. (2002): »Influence of Supplementary Vitamins, Minerals and Essential Fatty Acids on the Antisocial Behaviour of Young Adult Prisoners: Randomised, Placebo-Controlled Trial«, in: British Journal of Psychiatry 181(1), S. 22–28.
Goll, Tobias/Keil, Daniel/Telios, Thomas (Hrsg.) (2013): Critical Matter. Diskussionen eines neuen Materialismus, Münster: edition assemblage.

Gregson, Nicky (2011): »Book Review Forum: Vibrant Matter: A Political Ecology of Things«, in: Dialogues in Human Geography 1(3), S. 402–404.

Gregson, Nicky/Watkins, Helen/Calestani, Melania (2010): »Inextinguishable Fibres: Demolition and the Vital Materialisms of Asbestos«, in: Environment and Planning A 42(5), S. 1065–1083.

Grosz, Elizabeth (1994): Volatile Bodies. Toward a Corporeal Feminism, Bloomington: Indiana University Press.

Grosz, Elizabeth (2004): The Nick of Time. Politics, Evolution, and the Untimely, Durham/London: Duke University Press.

Grosz, Elisabeth (2008): »Darwin and Feminism. Preliminary Investigations for a Possible Alliance«, in: Material Feminisms, hrsg. von Stacy Alaimo und Susan Hekman, Bloomington: Indiana University Press, S. 23–51.

Grosz, Elizabeth (2011): Becoming Undone. Darwinian Reflections on Life, Politics, and Art, Durham/London: Duke University Press.

Grosz, Elizabeth (2017): The Incorporeal. Ontology, Ethics, and the Limits of Materialism, New York: Columbia University Press.

Grusin, Richard (Hrsg.) (2015): The Nonhuman Turn, Minneapolis/London: University of Minnesota Press.

Häkli, Jouni (2018): »The Subject of Citizenship – Can there be a Posthuman Civil Society?«, in: Political Geography 67, S. 166–175.

Hamilton, Jennifer Mae (2017): »The Trouble with Babies«, in: Cultural Studies Review 23(1), S. 185–188.

Haraway, Donna (1992): »The Promise of Monsters. A Regenerative Politics for Inappropriate/d Others«, in: Cultural Studies, hrsg. von Lawrence Grossberg, Cary Nelson und Paula A. Treichler, London/New York: Routledge, S. 295–337.

Haraway, Donna (1995a): »Ein Manifest für Cyborgs. Feminismus im Streit mit den Technowissenschaften«, in: dies., Die Neuerfindung der Natur. Primaten, Cyborgs und Frauen, Frankfurt am Main/New York: Campus, S. 33–72.

Haraway, Donna (1995b): »Situiertes Wissen. Die Wissenschaftsfrage im Feminismus und das Privileg einer partialen Perspektive«, in: dies., Die Neuerfindung der Natur. Primaten, Cyborgs und Frauen, Frankfurt am Main/New York: Campus S. 73–97.

Haraway, Donna (1997): Modest_Witness@Second_Millenium. Female-Man©_Meets_Onco MouseTM. Feminism and Technoscience, New York/London: Routledge.
Haraway, Donna (2008): When Species Meet, Minneapolis/London: University of Minnesota Press.
Haraway, Donna (2016): Das Manifest für Gefährten. Wenn Spezies sich begegnen: Hunde, Menschen und signifikante Andersartigkeit, Berlin: Merve.
Haraway, Donna (2018a): »Making Kin in the Chthulucene: Reproducing Multispecies Justice«, in: Making Kin Not Population, hrsg. von Adele Clarke und ders., Chicago: Prickly Paradigm Press, S. 67–99.
Haraway, Donna (2018b): Unruhig bleiben. Die Verwandtschaft der Arten im Chthuluzän, Frankfurt am Main/New York: Campus.
Harman, Graham (2002): Tool-Being: Heidegger and the Metaphysics of Objects, Chicago/La Salle: Open Court.
Harman, Graham (2005): Guerilla Metaphysics: Phenomenology and the Carpentry of Things, Chicago/La Salle: Open Court.
Harman, Graham (2007): »Aesthetics as First Philosophy: Levinas and the Non-Human«, in: Naked Punch 9, S. 21–30.
Harman, Graham (2009): Prince of Networks: Bruno Latour and Metaphysics, Melbourne: re:press.
Harman, Graham (2010a): Towards Speculative Realism: Essays and Lectures, Winchester/Washington: Zero Books.
Harman, Graham (2010b): »Time, Space, Essence, and Eidos: A New Theory of Causation«, in: Cosmos and History: The Journal of Natural and Social Philosophy 6(1), S. 1–17.
Harman, Graham (2011): »Autonomous Objects«, in: New Formations 71, S. 125–130.
Harman, Graham (2012): »The Well-Wrought Broken Hammer: Object-Oriented Literary Criticism«, in: New Literary History 43, S. 183–203.
Harman, Graham (2015): Vierfaches Objekt, Berlin: Merve.
Harman, Graham (2016): Immaterialism: Objects and Social Theory, Cambridge: Polity Press.
Harrasser, Karin (2011): »Donna Haraway. Natur-Kulturen und die Faktizität der Figuration«, in: Kultur. Theorien der Gegenwart, Bd. 2, hrsg.

von Stephan Moebius und Dirk Quadflieg, Wiesbaden: VS Verlag, S. 580–594.
Hartmann, Betsy (1996): Reproductive Rights and Wrongs. The Global Politics of Population Control, Boston: South End Press.
Hartmann, Viona/Hoppe, Katharina (2020): »Ecofeminist Futures. On Politicizing Necessity«, in: engagée Journal (9), S. 47–51.
Hawkins, Gay (2010): »Plastic Materialities«, in: Political Matter. Technoscience, Democracy, and Public Life, hrsg. von Bruce Braun und Sarah Whatmore, Minneapolis/London: University of Minnesota Press, S. 119–136.
Hayles, N. Katherine (2006): »Unfinished Work. From Cyborg to Cognisphere«, in: Theory, Culture & Society 23(7–8), S. 159–166.
Hayles, N. Katherine (2017): Unthought. The Power of the Cognitive Unconscious, Chicago/London: University of Chicago Press.
Heidegger, Martin (1967): Sein und Zeit, Tübingen: Max Niemeyer Verlag.
Helmreich, Stefan (2011): »What Was Life? Answers from Three Limit Biologies«, in: Critical Inquiry 37(4), S. 671–696.
Henare, Amiria J.M./Holbraad, Martin/Wastell, Sari (Hrsg.) (2007): Thinking Through Things. Theorising Artefacts Ethnographically, London/New York: Routledge.
Hinchliffe, Steve (2011): »Book review forum: Vibrant Matter: A Political Ecology of Things«, in: Dialogues in Human Geography 1(3), S. 396–399.
Hinton, Peta (2017): »A Sociality of Death: Towards a New Materialist Politics and Ethics of Life Itself«, in: What If Culture was Nature all Along?, hrsg. von Vicki Kirby, Edinburgh: Edinburgh University Press, S. 223–247.
Hird, Myra J. (2009a): »Feminist Engagements with Matter«, in: Feminist Studies 35(2), S. 329–346.
Hird, Myra J. (2009b): The Origins of Sociable Life. Evolution after Science Studies, Basingstoke: Palgrave Macmillan.
Højgaard, Lis/Søndergaard, Dorte Marie (2011): »Theorizing the Complexities of Discursive and Material Subjectivity: Agential Realism and Poststructural Analyses«, in: Theory & Psychology 21(3), S. 338–354.
Holland-Cunz, Barbara (2014): Die Natur der Neuzeit. Eine feministische Einführung, Leverkusen: Barbara Budrich.

Hoppe, Katharina (2017): »Eine neue Ontologie des Materiellen? Probleme und Perspektiven neomaterialistischer Feminismen«, in: Material Turn. Feministische Perspektiven auf Materialität und Materialismus, hrsg. von Christine Löw, Katharina Volk, Imke Leicht und Nadja Meisterhans, Leverkusen: Barbara Budrich, S. 35–50.

Hoppe, Katharina (2020): »Responding as Composing: Towards a Post-Anthropocentric, Feminist Ethics for the Anthropocene«, in: Distinktion: Journal of Social Theory 21(2), S. 125–142.

Hörl, Erich (2017): »Introduction to General Ecology. The Ecologization of Thinking«, in: General Ecology: The New Ecological Paradigm, hrsg. von dems. und James Burton, London/New York: Bloomsbury, S. 1–73.

Horn, Eva/Bergthaller, Hanno (2019): Anthropozän zur Einführung, Hamburg: Junius.

Irigaray, Luce (1991): Ethik der sexuellen Differenz, Frankfurt am Main: Suhrkamp.

Irni, Sari (2013): »The Politics of Materiality: Affective Encounters in a Transdisciplinary Debate«, in: European Journal of Women's Studies 20(4), S. 347–360.

Jackson, Zakiyyah Iman (2020): Becoming Human. Matter and Meaning in an Antiblack World, New York: New York University Press.

Jensen, Casper Bruun (2015): »Experimenting with Political Materials: Environmental Infrastructures and Ontological Transformations«, in: Distinktion: Journal of Social Theory 16(1), S. 17–30.

Jochmaring, Julian (2016): »Das Unbehagen in der (Medien-)Ökologie«, in: Internationales Jahrbuch für Medienphilosophie 2(1), S. 91–112.

Johnson, Elizabeth/Morehouse, Harlan/Dalby, Simon/Lehman, Jessi/Nelson, Sara/Rowan, Rory et al. (2014): »After the Anthropocene: Politics and Geographic Inquiry for a New Epoch«, in: Progress in Human Geography 38(3), S. 439–456.

Johns-Putra, Adeline (2013): »Environmental Care Ethics: Notes Toward a New Materialist Critique«, in: symploke 21(1–2), S. 125–135.

Kant, Immanuel (1995): »Kritik der reinen Vernunft«, in: Die Kritiken, hrsg. von Wilhelm Weischedel, Frankfurt am Main: Suhrkamp.

Kerin, Jacinta (1999): »The Matter at Hand: Butler, Ontology and the Natural Sciences«, in: Australian Feminist Studies 14(29), S. 91–104.

Kirby, Vicki (2006): Judith Butler. Live Theory, London/New York: Continuum.

Kirby, Vicki (2011): Quantum Anthropologies. Life at Large, Durham/London: Duke University Press.

Kirby, Vicki (2017): »Matter out of Place: ›New Materialism‹ in Review«, in: What If Culture was Nature all Along?, hrsg. von ders., Edinburgh: Edinburgh University Press, S. 1–25.

Kirby, Vicki/Wilson, Elizabeth A. (2011): »Feminist Conversations with Vicki Kirby and Elizabeth A. Wilson«, in: Feminist Theory 12(2), S. 227–234.

Kirksey, Eben (Hrsg.) (2014): The Multispecies Salon, Durham/London: Duke University Press.

Kirksey, Eben/Helmreich, Stefan (2010): »The Emergence of Multispecies Ethnography«, in: Cultural Anthropology 25(4), S. 545–576.

Kurzweil, Raymond (1990): The Age of Intelligent Machines, Cambridge: MIT Press.

Landa, Manuel de (2009): A New Philosophy of Society. Assemblage Theory and Social Complexity, London: Continuum.

Latour, Bruno (1987): Science in Action. How to Follow Scientists and Engineers Through Society, Milton Keynes: Open University Press.

Latour, Bruno (1995): Wir sind nie modern gewesen, Berlin: Akademie Verlag.

Latour, Bruno (2007): »Can We Get Our Materialism Back, Please?«, in: Isis 98(1), S. 138–142.

Latour, Bruno/Weibel, Peter (Hrsg.) (2005): Making Things Public, Cambridge: MIT Press.

Law, John (1992): »Notes on the Theory of the Actor-Network: Ordering, Strategy, and Heterogeneity«, in: Systems Practice 5, S. 379–393.

Law, John (1994): Organizing Modernity, Boston: Blackwell.

Law, John/Hassard, John (Hrsg.) (1999): Actor Network Theory and After, Boston: Blackwell.

Lemke, Thomas (2015): »New Materialisms: Foucault and the ›Government of Things‹«, in: Theory, Culture & Society 32(4), S. 3–25.

Lettow, Susanne (2017): »Turning the Turn: New Materialism, Historical Materialism and Critical Theory«, in: Thesis Eleven 140(1), S. 106–121.

Levinas, Emmanuel (1987): Totalität und Unendlichkeit. Versuch über die Exteriorität, Freiburg/München: Karl Alber Verlag.

Lewis, Sophie (2017): »Cthulhu Plays No Role For Me«, in: Viewpoint Magazine online verfügbar unter https://www.viewpointmag.com/2017/05/08/cthulhu-plays-no-role-for-me/, zuletzt geprüft am 29.10.2018.

Livingston, Julie/Puar, Jasbir K. (2011): »Interspecies«, in: Social Text 29(1), S. 3–14.

Loh, Janina (2018): Trans- und Posthumanismus zur Einführung, Hamburg: Junius.

Loick, Daniel (2017): »Mach es nicht selbst. Zu Donna Haraways ›Staying with the Trouble‹«, in: Texte zur Kunst (105), S. 186–189.

Löw, Christine/Volk, Katharina/Leicht, Imke/Meisterhans, Nadja (Hrsg.) (2017): Material Turn. Feministische Perspektiven auf Materialität und Materialismus, Leverkusen: Barbara Budrich.

Lyons, Kristina (2020): Vital Decomposition. Soil Practitioners and Life Politics, Durham/London: Duke University Press.

Malabou, Catherine (2016): »One Life Only: Biological Resistance, Political Resistance«, in: Critical Inquiry 42(3), S. 429–438.

Margulis, Lynn (1998): Symbiotic Planet. A New Look at Evolution, New York: Basic Books.

Marso, Lori J. (2011): »Freaks of Nature«, in: Political Theory 39(3), S. 417–428.

Marx, Karl (1990): MEW / Marx-Engels-Werke Band 3, 1845–1846, Berlin: Dietz Verlag.

Massumi, Brian (2009): »National Enterprise Emergency: Steps Toward an Ecology of Powers«, in: Theory, Culture & Society 26(6), S. 153–185.

McNeil, Maureen (2010): »Post-Millennial Feminist Theory: Encounters with Humanism, Materialism, Critique, Nature, Biology and Darwin«, in: Journal for Cultural Research 14(4), S. 427–437.

Meehan, Katharine/Shaw, Ian/Graham, Ronald/Marston, Sallie (2013): »Political Geographies of the Object«, in: Political Geography 33, S. 1–10.

Meillassoux, Quentin (2008): Nach der Endlichkeit. Versuch über die Notwendigkeit der Kontingenz, Zürich/Berlin: Diaphanes.

Meißner, Hanna (2013): »Feministische Gesellschaftskritik als onto-epistemologisches Projekt«, in: Geschlechter Interferenzen. Wissensformen – Subjektivierungsweisen – Materialisierungen, hrsg. von Corinna Bath,

ders., Stephan Trinkaus und Susanne Völker, Münster: LIT Verlag, S. 163–208.
Mersch, Dieter (2016): »Objektorientierte Ontologien und andere spekulative Realismen: Eine kritische Durchsicht«, in: Seien wir realistisch: Neue Realismen und Dokumentarismen in Philosophie und Kunst, hrsg. von dems. und Magdalena Marszałek, Zürich/Berlin: Diaphanes, S. 109–159.
Miller, Daniel (2008): The Comfort of Things, Cambridge/Malden: Polity Press.
Mol, Annemarie (1999): »Ontological Politics. A Word and Some Questions«, in: Actor Network Theory and After, hrsg. von John Law und John Hassard, Boston: Blackwell, S. 74–89.
Mol, Annemarie (2013): »Mind your plate! The Ontonorms of Dutch Dieting«, in: Social Studies of Science 43(3), S. 379–396.
Morton, Timothy (2011): »Here Comes Everything: The Promise of Object-Orientated Ontology«, in: qui parle: Critical Humanities and Social Sciences 19(2), S. 163–190.
Morton, Timothy (2013): Hyperobjects: Philosophy and Ecology after the End of the World, Minneapolis/London: University of Minnesota Press.
Müller, Julian (2015): Bestimmbare Unbestimmtheiten. Skizze einer indeterministischen Soziologie, Paderborn: Wilhelm Fink.
Murdoch, Jonathan (2004): »Humanising Posthumanism«, in: Environment and Planning A 36(8), S. 1356–1359.
Murphy, Michelle (2018): »Against Population, Towards Alterlife«, in: Making Kin Not Population, hrsg. von Adele Clarke und Donna Haraway, Chicago: Prickly Paradigm Press, S. 101–124.
Neimanis, Astrida (2014): »Alongside the Right to Water, a Posthumanist Feminist Imaginary«, in: Journal of Human Rights and the Environment 5(1), S. 5–24.
Neimanis, Astrida (2016): »Staying with the Trouble: Making Kin in the Chthulucene«, in: Australian Feminist Studies 31(90), S. 515–519.
Neimanis, Astrida/Åsberg, Cecilia/Hedrén, Johan (2015): »Four Problems, Four Directions for Environmental Humanities: Toward Critical Posthumanities for the Anthropocene«, in: Ethics and the Environment 20(1), S. 67–97.

Nelson, Sara Holiday (2014): »Resilience and the Neoliberal Counter-Revolution. From Ecologies of Control to Production of the Common«, in: Resilience 2(1), S. 1–17.
Nelson, Sara Holiday (2015): »Beyond ›The Limits to Growth‹: Ecology and the Neoliberal Counterrevolution«, in: Antipode 47(2), S. 461–480.
Neyrat, Frédéric (2018): The Unconstructable Earth. An Ecology of Separation, New York: Fordham University Press.
Norris, Christopher (2013): Philosophy Outside-In: A Critique of Academic Reason, Edinburgh: Edinburgh University Press.
Oral, Sevket Benhur (2014): »Liberating Facts: Harman's Objects and Wilber's Holons«, in: Studies in Philosophy and Education 33(2), S. 117–134.
Pellizzoni, Luigi (2015): Ontological Politics in a Disposable World. The New Mastery of Nature, Farnham: Ashgate.
Pierides, Dean/Woodman, Dan (2012): »Object-oriented Sociology and Organizing in the Face of Emergency: Bruno Latour, Graham Harman and the Material Turn«, in: The British Journal of Sociology 63(4), S. 662–679.
Pinch, Trevor (2011): »Review Essay: Karen Barad, Quantum Mechanics, and the Paradox of Mutual Exclusivity«, in: Social Studies of Science 41(3), S. 431–441.
Plumwood, Val (1993): Feminism and the Mastery of Nature, London/New York: Routledge.
Posteraro, Tano S. (2017): »To Save Materialism from Itself. A review of Elizabeth Grosz, The Incorporeal: Ontology, Ethics, and the Limits of Materialism«, in: Postmodern Culture 28(1).
Povinelli, Elizabeth A. (2016): Geontologies. A Requiem to Late Liberalism, Durham/London: Duke University Press.
Princen, Thomas (2011): »Book Review: Vibrant Matter: A Political Ecology of Things by Jane Bennett«, in: Perspectives on Politics 9(1), S. 118–120.
Rancière, Jacques (2002): Das Unvernehmen. Politik und Philosophie, Frankfurt am Main: Suhrkamp.
Rancière, Jacques (2008): Die Aufteilung des Sinnlichen. Die Politik der Kunst und ihre Paradoxien, Berlin: b_books.
Reckwitz, Andreas (2008): »Der Ort des Materiellen in den Kulturtheorien. Von sozialen Strukturen zu Artefakten«, in: ders., Unscharfe Gren-

zen. Perspektiven der Kultursoziologie, Bielefeld: transcript, S. 131–156.
Rekret, Paul (2018): »The Head, the Hand, and Matter: New Materialism and the Politics of Knowledge«, in: Theory, Culture & Society 35(7–8), S. 49–72.
Rorty, Richard (1987): Der Spiegel der Natur. Eine Kritik der Philosophie, Frankfurt am Main: Suhrkamp.
Rouse, Joseph (2004): »Barad's Feminist Naturalism«, in: Hypatia 19(1), S. 142–161.
Rubin, David A. (2018): »Queering Biology, Gutting Feminism: A Review Essay of Gut Feminism by Elizabeth A. Wilson«, in: Journal of Lesbian Studies 22(2), S. 254–261.
Schultz, Susanne (2006): Hegemonie, Gouvernementalität, Biomacht. Reproduktive Risiken und die Transformation internationaler Bevölkerungspolitik, Münster: Westfälisches Dampfboot.
Schweber, Silvan S. (2008): »Review of Meeting the Universe Halfway, by Karen Barad«, in: ISIS: Journal of the History of Science in Society 99(4), S. 879–882.
Schwennesen, Nete/Koch, Lene (2009): »Visualizing and Calculating Life: Matters of Fact in the Context of Prenatal Risk Assessment«, in: Contested Categories. Life Science in Society, hrsg. von Susanne Bauer und Ayo Wahlberg, Farham: Ashgate, S. 69–87.
Shaviro, Steven (2014): The Universe of Things: On Speculative Realism, Minneapolis/London: University of Minnesota Press.
Sheldon, Rebekah (2015): »Form / Matter / Chora: Object-Oriented Ontology and Feminist New Materialism«, in: The Nonhuman Turn, hrsg. von Richard Grusin, Minneapolis/London: University of Minnesota Press, S. 193–222.
Shotwell, Alexis (2016): Against Purity. Living Ethically in Compromised Times, Minneapolis/London: University of Minnesota Press.
Showalter, Elaine (1987): The Female Malady. Women, Madness, and English Culture, 1830–1980, London: Virago Press.
Sismondo, Sergio (2015): »Ontological Turns, Turnoffs and Roundabouts«, in: Social Studies of Science 45(3), S. 441–448.
Sprenger, Florian (2019): Epistemologien des Umgebens. Zur Geschichte, Ökologie und Biopolitik künstlicher environments, Bielefeld: transcript.

Stengers, Isabelle (2010): »Including Nonhumans in Political Theory. Opening Pandora's box?«, in: Political Matter. Technoscience, Democracy, and Public Life, hrsg. von Bruce Braun und Sarah Whatmore, Minneapolis/London: University of Minnesota Press, S. 3–33.

Stengers, Isabelle (2011): »Wondering about Materialism«, in: The Speculative Turn. Continental Materialism and Realism, hrsg. von Levi Bryant, Nick Srnicek und Graham Harman, Melbourne: re.press, S. 368–380.

Swyngedouw, Erik/Ernstson, Henrik (2018): »Interrupting the Anthropo-ObScene: Immuno-Biopolitics and Depoliticizing Ontologies in the Anthropocene«, in: Theory, Culture & Society 35(6), S. 3–30.

Taylor, Carol (2016): »Close Encounters of a Critical Kind: A Diffractive Musing In/Between New Material Feminism and Object-Oriented Ontology«, in: Cultural Studies 16(2), S. 201–212.

Tischleder, Babette Bärbel (2014): The Literary Life of Things: Case Studies in American Fiction, Frankfurt am Main/New York: Campus.

Tsing, Anna Lowenhaupt (2012): »Unruly Edges: Mushrooms as Companion Species«, in: Environmental Humanities 1, S. 141–154.

Tsing, Anna Lowenhaupt (2018): Der Pilz am Ende der Welt. Über das Leben in den Ruinen des Kapitalismus, Berlin: Matthes & Seitz.

Tsing, Anna Lowenhaupt/Swanson, Heather Anne/Gan, Elaine/Bubandt, Nils (Hrsg.) (2017): Arts of Living on a Damaged Planet. Ghosts and Monsters of the Anthropocene. Minneapolis/London: University of Minnesota Press.

van der Tuin, Iris (2014): »Diffraction as a Methodology for Feminist Onto-Epistemology. On Encountering Chantal Chawaf and Posthuman Interpellation«, in: Parallax 20(3), S. 231–244.

van Dooren, Thom (2016): Flight ways. Life and Loss at the Edge of Extinction, New York: Columbia University Press.

Varino, Sofia (2018): »Incorporeal Conditions: Elizabeth Grosz's Ontoethics«, in: Freiburger Zeitschrift für GeschlechterStudien 24(1), S. 113–115.

Walker, Jeremy/Cooper, Melinda (2011): »Genealogies of Resilience: From Systems Ecology to the Political Economy of Crisis Adaptation«, in: Security Dialogue 42(2), S. 143–160.

Washick, Bonnie/Wingrove, Elizabeth (2015): »Ontologized Agency and Political Critique«, in: Contemporary Political Theory 14(1), S. 63–79.

Washick, Bonnie/Wingrove, Elizabeth/Ferguson, Kathy E./Bennett, Jane (2015): »Politics that Matter: Thinking about Power and Justice with the New Materialists«, in: Contemporary Political Theory 14(1), S. 63–89.

Willey, Angela (2016): »A World of Materialisms: Postcolonial Feminist Science Studies and the New Natural«, in: Science, Technology, & Human Values 41(6), S. 991–1014.

Willey, Angela (2017): »Engendering New Materializations. Feminism, Nature, and the Challenge to Disciplinary Proper Objects«, in: The New Politics of Materialism. History, Philosophy, Science, hrsg. von Sarah Ellenzweig und John H. Zammito, London/New York: Routledge, S. 131–153.

Wilson, Elizabeth A. (2018): »Acts Against Nature«, in: Angelaki 23(1), S. 19–31.

Wilson, Elizabeth A. (1998): Neural Geographies. Feminism and the Microstructure of Cognition, New York/London: Routledge.

Wilson, Elizabeth A. (1999): »Introduction: Somatic Compliance-Feminism, Biology and Science«, in: Australian Feminist Studies 14(29), S. 7–18.

Wilson, Elizabeth A. (2004): Psychosomatic. Feminism and the Neurological Body. Durham/London: Duke University Press.

Wilson, Elizabeth A. (2006): »The Work of Antidepressants: Preliminary Notes on How to Build an Alliance Between Feminism and Psychopharmacology«, in: BioSocieties 1(1), S. 125–131.

Wilson, Elizabeth A. (2008): »Organic Empathy: Feminism, Psychopharmaceuticals, and the Embodiment of Depression«, in: Material Feminisms, hrsg. von Stacy Alaimo und Susan Hekman, Bloomington: Indiana University Press, S. 373–399.

Wilson, Elizabeth A. (2015): Gut Feminism, Durham/London: Duke University Press.

Wilson, Kalpana (2012): Race, Racism and Development. Interrogating History, Discourse and Practice, London: Zed Books.

Wolfe, Cary (2010): What is Posthumanism?, Minneapolis/London: University of Minnesota Press.

Wolfe, Cary/Haraway, Donna (2016): »Companions in Conversation«, in: Manifestly Haraway, Minneapolis/London: University of Minnesota Press, S. 199–296.

Woolgar, Steve/Lezaun, Javier (2013): »The Wrong Bin Bag: A Turn to Ontology in Science and Technology Studies?«, in: Social Studies of Science 43(3), S. 321–340.

Woolgar, Steve/Lezaun, Javier (2015): »Missing the (Question) Mark? What is a Turn to Ontology?«, in: Social Studies of Science 45(3), S. 462–467.

Zalloua, Zahi (2015): »On Meillassoux's ›Transparent Cage‹: Speculative Realism and its Discontents«, in: symplokē 23(1–2), S. 393–409.

Zedler, Johann Heinrich (1739): »Materialismus«, in: Grosses vollständiges Universal-Lexicon Aller Wissenschafften und Künste, hrsg. von Johann Heinrich Zedler, Halle/Leipzig, S. 2025–2039.

Personen- und Sachregister

Katharina Hoppe ist wissenschaftliche Mitarbeiterin am Institut für Soziologie der Goethe-Universität Frankfurt. Ihre Lehr- und Forschungsschwerpunkte liegen in den Bereichen der soziologischen, politischen und feministischen Theorie sowie der Soziologie sozialer Ungleichheit (mit besonderem Fokus auf Geschlechterverhältnisse und intersektionale Perspektiven auf ökologischen Krisen). Veröffentlichung: *Die Kraft der Revision. Epistemologie, Politik und Ethik bei Donna Haraway*, Frankfurt am Main/New York: Campus (erscheint 2021).

Thomas Lemke ist Professor für Soziologie mit dem Schwerpunkt Biotechnologie, Natur und Gesellschaft am Fachbereich Gesellschaftswissenschaften der Goethe-Universität in Frankfurt am Main und Mitglied des Bioökonomierats der Bundesregierung. Veröffentlichungen u.a.: *Biopolitik zur Einführung*, Hamburg: Junius 2007; *Die Natur in der Soziologie. Gesellschaftliche Voraussetzungen und Folgen biotechnologischen Wissens*, Frankfurt am Main/New York: Campus 2013; *Science and Technology Studies. Klassische Positionen und aktuelle Perspektiven*, Berlin: Suhrkamp 2017 (hg. zusammen mit Susanne Bauer und Torsten Heinemann); *The Government of Things. Foucault and the New Materialisms*, New York: New York University Press 2021.